Zur Erinnerung an die konstruktive

Zusammenarbeit im PGR

Jena, den 25.10.1983

[illegible]

pfeiffer

Zu diesem Buch

Aus Verlegenheit reden heute viele zu wenig vom Glauben. Die alten Wörter haben sich abgenutzt, sie sind leergeredet. Aber – muß Frommes, Geistliches gekennzeichnet sein durch unzeitgemäße Sprache? Kann nur in alten Wörtern von Gott geredet werden?
Die vorliegenden Texte des Frankfurter Stadtjugendpfarrers lehren das Gegenteil. Er nimmt Sprache von heute, wie wir sie zu sagen und zu hören gewohnt sind. Keiner der Texte ist am Schreibtisch entstanden. Es sind Versuche, Erfahrung hinüberzuretten aufs bedruckte Papier. Sie haben Gestalt gewonnen im Kreis junger Menschen bei gemeinsam verbrachten Wochenenden, auf einer Wallfahrt, in einer Meditation, in einem Gottesdienst.
Wer immer an herkömmlichen Formen des Betens kein Genügen mehr findet, wird sich von diesen Texten angesprochen fühlen. Jugendseelsorger, Religionslehrer, Leiter von Jugendgruppen werden zu diesem Buch greifen, wenn sie nach Texten und Anregungen für einen Gottesdienst, eine Gruppenstunde oder ein Besinnungswochenende suchen.

Willi Hübinger

Nicht hoffnungslos

Neue Gebete – Meditationen – Gottesdienste

Verlag J. Pfeiffer · München

CIP-Kurztitelaufnahme der Deutschen Bibliothek

Hübinger, Willi:
Nicht hoffnungslos: neue Gebete, Meditationen, Gottesdienste / Willi Hübinger. — München: Pfeiffer 1980
Pfeiffer Werkbücher: Nr. 148
ISBN 3-7904-0322-9

Mitglied der »verlagsgruppe engagement«

Nr. 148
PFEIFFER WERKBÜCHER
herausgegeben von Otto Betz

Printed in Germany
Druck: G. J. Manz AG, Dillingen/Donau
Umschlagentwurf: Isabelle Saaliste

ISBN 3-7904-0322-9

Inhalt

Verzeichnis der Schriftstellen

I. Altes Testament

II. Neues Testament

Vorwort

Aus Verlegenheit reden heute viele zu wenig vom Glauben. Die alten Wörter haben sich abgenutzt, sie sind leergeredet. Aber – muß Frommes, Geistliches gekennzeichnet sein durch unzeitgemäße Sprache? Kann nur in alten Wörtern von Gott geredet werden?
Ich nehme Sprache von heute, wie wir sie zu sagen und zu hören gewohnt sind. Wenn sie gebunden wird, gewinnt sie eine eigenartige Dichte. Und sie wirkt weiter aus sich selbst: was so mitgeteilt wird, will in täglichen Worten als Erinnerung wiederkehren.
Gegen die Verlegenheit aus menschlicher Unvertrautheit und Fremdheit sind die vorgelegten Arrangements für Gruppen eine Hilfe. Sie regen an zur Gestaltung von Gottesdiensten und Glaubensgesprächen. Entsprechende methodische Hinweise erleichtern den Umgang auch mit unkonventionellen Themen.
Am Ende des Buches finden sich Hinweise auf Anlässe und Entstehungsgeschichte der Texte, auch über ihre Absichten und meist über Verbindungen zu Stücken aus der Heiligen Schrift.
Ich bin Jugendseelsorger, und deshalb schenke ich diese Versuche all den jungen Menschen, mit denen gemeinsam ich sie erleben und erfinden durfte.

Frankfurt, im Juli 1979 — Willi Hübinger

1 Lebensziele und Beobachtungen an einem selbst

Es ist wichtig
frei zu sein
und Vertriebenheit Ungewißheit
ausleben zu können
statt zu leben
aus Angst um sich selbst –
das ist wichtig für mich.

Es ist wichtig
die Welt so zu verändern
daß viele Menschen frei sind
nicht leben müssen
aus Angst um sich selbst
sich sichern und einrichten
und sich verschließen
für die
die nach Freiheit rufen.

Es ist wichtig
für Menschen so dazusein
daß sie
wenn sie
nach Freiheit schreien
einen finden
der sagt:
ich kann dich hören
ich kann dich verstehen
ich schreie mit dir.

Es ist wichtig für mich
mein Geld
nicht für mich zu haben
und meine Zeit
und mein Ich.

Es ist wichtig für mich
mein Amt so zu verstehen
daß es gut ist für andere
und ihnen hilft
sich selbst zu verwirklichen
frei zu werden
aus Sklavereien
und aus Angst um sich selbst.

Es ist wichtig für mich
Macht zu haben
und Einfluß
und sie so auszunutzen
daß Mißbrauch von Macht
aus Angst um sich selbst
korrumpiert wird.

Es ist wichtig für mich
unruhig zu sein
und nicht
zur Ruhe zu kommen
in Sicherheiten
und mit Göttern
die das Leben
oder das Sterben
mir aus der Hand schlagen werden.

Es ist wichtig für mich
zuzuhören
und nachzudenken
damit ich nicht unbedacht

Pulver feststampfe
in dem Faß
auf dem alle sitzen.

Es ist wichtig für mich
mein Gewissen sauberzuhalten
indem ich Widerstand leiste
der Versuchung von
Macht, Autorität, Geld
und angeblicher Liebe
vergötterter Erfahrung von Menschen
und Augenblicken
ohne mir
unmöglich zu machen
mich daran
und mit anderen
zu freuen.

Es ist wichtig für mich
zu wissen von Gott
daß er mich hat
und mich liebt
mit einer Liebe
die nicht an mir
ihr Maß hat
sondern an ihm.

Und so beobachte ich in der Verfolgung: Es hilft nicht viel, wenn das Leben geschützt wird, wenn nicht das Gewissen gerettet werden kann. Auch Solidarität ist ein Gott, der zerschlagen werden kann.

Und ich beobachte in der Einsamkeit: Es ist schön, allein zu sein, wenn nicht der Boden wankt, auf dem ich stehe, um nicht Angst um mich selbst zu haben. Dann kann ich beten – im nachhinein dazu, daß ich weiß, wer ich bin und was ich will dadurch, daß Gott mich liebt.

Und ich erlebe in Gemeinschaft: Es ist gut, Freude an Begegnungen zu haben und anderen die gemeinsame Erfahrung aus radikaler Hoffnung deuten zu helfen. So werden wir gemeinsam fähig, die Welt zu bestehen in einer Gottlosigkeit, die uns an unsere Verantwortung erinnert.

Und ich erfahre im Umgang mit jungen Menschen: Es ist lebenswichtig, zu sagen und vorzumachen, wie wichtig sie sind und wie stark und wie wenig Götter denjenigen leben lassen, der sie macht. Ich möchte jungen Menschen helfen, frei zu sein, nicht leben zu müssen aus Angst um sich selbst.

Und ich denke oft bei meiner Arbeit: Es ist nur glaubhaft, Zeit zu haben für große und kleine Sorgen und Ernstzunehmendes ernst zu nehmen und alles übrige sorglos zu tun. Ich bin mit mir identisch, wenn ich frei bin von papierener Verantwortung und normierter Autorität. Ich will nicht die Bedenken, die andere aus Angst um sich selbst haben, teilen, sondern sie ihnen nehmen. Ich will meinen Einfluß zur Freiheit für andere nutzen.

Und ich sage mir aufs Sterben hin: Es ist schlimm, nicht eintreten zu können in die wahre Wirklichkeit und das Leben zu einem Gott zu machen, von dem ich doch weiß, daß er zerschlagen wird. Wenn ich das Leben liebe, so nicht, weil es das letzte wäre, was ich habe, sondern weil es die Möglichkeit ist, mich mit anderen zu verwirklichen im Gleichnis wahrer Wirklichkeit.

Für die Einfachheit der Worte und Vorstellungen über Gott

Ich sehne mich manchmal danach, alles komplizierte Denken verlassen zu dürfen; zu verleugnen, wie gescheit ich bin und was alles ich erfahren habe; und wieder zurückzufinden in die alten Kinderformeln, unter deren Geleitschutz ich einmal sicher war, Gott tatsächlich zu erreichen. Ich will eine Lanze dafür brechen, daß wir uns gestatten, so einfach zu Gott zu reden, indem ich ihn anspreche . . .

1

Gott, gut, daß du da bist, obwohl ich dich nicht sehen kann.

2

Du bist immer bei mir, Gott, wenn ich lache und wenn ich weine; wenn ich es weiß und auch, wenn ich nicht dran denke.

3

Gott, ich habe einen schlimmen Tag vor mir, denk ein bißchen an mich.

4

Du bist gut, Gott. Und alle guten Menschen kommen von dir. Und die bösen, die haben das aus sich selbst, und das sind diejenigen, die nichts mit dir zu tun haben wollen.

5

Ich glaube, du hast mich ganz vergessen, Gott. Weißt du überhaupt noch, daß es mich gibt und wie ich heiße?

6
Du darfst mich nicht ständig auflaufen lassen, Gott. Sonst glaube ich nicht mehr daran, daß wir verbündet sind.

7
Du weißt doch ganz genau, was morgen und übermorgen und überhaupt in der Zukunft passiert. Laß mich's wissen, Gott, damit ich mich darauf einstellen kann – früh genug.

8
Gib mir mal ein Zeichen, Gott, ich bin nicht mehr sicher, ob ich auf dem richtigen Weg bin.

9
Kannst du nicht für mich mal ein Wunder tun, Gott? Du siehst doch, daß ich so nicht vorwärtskomme.

10
Wie seltsam, daß es Menschen gibt, die dich nicht hören, Gott. Du sprichst doch unsere Sprache.

11
Zeig dich doch, Gott. Oder hast du dich versteckt, um mich zu locken?

12
Trau dich, Gott, mich zu schlagen. Ich habe dir nichts getan.

13
Du hast mir weh getan, Gott. Hast du denn gar kein Gefühl?

14
Jetzt bist du wieder verschwunden, Gott. Du könntest wenigstens Bescheid sagen, wenn du für längere Zeit weggehst.

15
Hast du Freude daran, mir angst zu machen, Gott? Das ist doch albern! So etwas ärgert mich!

16
Ich würde gern über das eine und andere mit dir mal reden, Gott. Hast du mal Zeit für mich?

17
Ich sehe das etwas anders, Gott. Darüber müssen wir per Gelegenheit mal diskutieren.

18
Ich will jetzt schlafen, Gott. Gib gut acht, daß mir nichts zustößt.

19
Danke schön, Gott. Wenn du so großzügig bist, habe ich dich am liebsten.

20
Das war ein bißchen kurz heute. Wann sehen wir uns wieder, Gott?

21
Ich bin nicht von allem begeistert, was du tust, Gott. Zerbrichst du dir eigentlich auch manchmal so sehr den Kopf wie ich?

22
Wenn du dir das richtig überlegst, Gott, mußt zu zugeben, daß ich recht habe. Versetz dich doch mal in meine Lage!

23
Verzeih, Gott, daß ich dich vor meinen Karren spannen wollte. Ich habe dir Unrecht getan.

24
Ich liebe dich, Gott. Vergiß mich nicht.

3 Auseinandersetzung mit Gott

Über das Recht, zu Gott ›du‹ zu sagen und mit ihm zu hadern

1

Dem, den ich meine, wenn ich sage: ›Du, Gott‹, dem möchte ich manchmal die Meinung sagen. Meine Meinung. Und die der anderen.

Ich möchte ihm vorwerfen, was alles ich auszusetzen finde an der Welt, von der ich glaube, daß er sie gemacht und mich in sie gesetzt hat.

Ich möchte mich zanken mit ihm, selbst auf die Gefahr hin, daß er recht behielte mit dem Satz, er habe mir ja Verantwortung, Willen und Tatkraft gegeben.

Ich möchte sagen:

»Du, wenn wir schon auf du und du miteinander sind, wo bleibt deine Freundschaft? Glaubst du, ich allein hätte den Kontakt zu halten? Kannst du nicht Antwort geben, wenn du gefragt wirst?«

Und:

»Vielleicht sollten wir lieber wieder Sie zueinander sagen – bei soviel Distanz?« Und ich würde sagen, sage auch hin und wieder:

»Sie, schaun Sie, soll das eine Welt sein, wie Sie sie wollten? Haben Sie noch Interesse daran? Wenigstens eine bescheidene Erinnerung an den Anfang, als Sie noch Feuer und Flamme waren für das, was Sie gemacht hatten? Den Legitimationszwang – das würde ich tun – entäußere ich; den will ich um der Methode willen nicht wahrhaben. Damit ich mich traue, hart ein Wort mit Ihnen zu reden. Wo, bitte, ist Ihre Allmacht? Sind Sie gescheitert?«

2

Da fällt mein Blick auf ein Kreuz, fällt tatsächlich und buchstäblich.

Und das Kreuz ist belebt mit einem Toten. Du, Gott, gibst ganz schön sinnlose Antworten. Zertrümmerst sogar noch den Götzen ›Sinn‹ und machst aus sinnlosem Überleben Auferstehung.

Und wenn du dann sagst oder mich vermuten läßt, wie der da, so sollte es mir gehen, und mich liebst du genauso, und du läßt mich genauso hängen, was – so frage ich dich – soll mich dann vorm Zweifeln bewahren?

3

Und ich bete dann:

Du Gott
hörst du noch hin
auf mich
weißt du
daß ich in Not bin
was weißt du von mir
Ich werfe dir vor
was du mir antust
und anderen
Da läßt du einen fragen
warum denn zweifeln
Soll Zweifel töricht sein
Soll ich dich nicht erreichen
wenn ich töricht bin
Versteh doch
Ich will nur
daß du da bist
daß du sagst
hier meine Hand
Leben geht weiter
Dein Glaube ist noch sehr klein

Ja, sage ich
mein Glaube
meine Hoffnung
hat Grund zum Wachsen
wenn ich Grund habe
in dir
Gott
der du bist
der du trägst
mich und die anderen
die ich liebe.

4 Gericht Gerecht Schichtenspezifisch

Unterschicht
verloren
gekommen
zu suchen und zu retten
Hirten
Zöllner
und andere Sünder
beim Ehebruch ertappt
und
in flagranti gerecht gemacht
Zahlungsunfähigkeit
auch verschuldete
erweckt Vergebung
Schuldner
und Schuldige
werden bevorzugt
Strich drunter
alle selig

Oberschicht
übertünchte Gräber
Steinewerfer
wer mit Steinen wirft
wird gesteinigt
Lastenträger
vortreten lassen
Lastenbürder
werden die letzten sein

Mittelschicht
Mittelstand
zeigt Mittelwert
Mittelwert ist Durchschnitt
Durchschnitt ist Ausschuß
Zum Abschluß
der Kommentar
Gericht gemacht
gerecht gemacht

5 Empörung als Tugend

Essay über einen neuen geistlichen Wert

Für die Alten – erfinde, wer sie waren, wann sie gelebt haben – war Zufriedenheit Tugend. Konnte es auch sein, weil sie gelernt haben mußten, zu entbehren, was sie nicht besitzen konnten, obwohl es ihnen zum Leben oder gar Überleben angenehm erschienen wäre. Wovon sie auch wußten, daß es für andere – Reiche etwa, oder Sünder, wie sie sie zu nennen pflegten – zur Hand war und diese sich dessen verhohlen und unverhohlen rühmten. Wem also satt zu essen schon ein Gewinn, unverdient und dankenswert sein mag, der wird die allzu hoch hängenden Trauben leichtsinnig sauer schimpfen und sich selbst für einen Zufriedenen halten. Und spürt wohl auch – Vorteil vor uns – Glück darin und Freude, wie sie nur der Bescheidene kennt.

Anders wir Neue, modischer und angepaßter an das, was uns zu bieten und zu leisten wir uns angewöhnt haben. Wir entbehren nichts, was wir brauchen. Wir sind satt, verdient, und mehr als satt: übergewichtig. Was Wunder, daß wir in Ermangelung von zu ersehnendem Lebensnotwendigen unser Sehnen anders einteilen, anders zu richten es gezwungen sind. Lassen wir also es auf Luxus gehen, überflüssig Angenehmes, dessen Überwert so offensichtlich und augenscheinlich ist, daß zur Freude, es zu besitzen, die Garantie steht, daß andere es uns neiden. Erst Überfluß beim einen gebiert den Neid des anderen. Dem Neid entgegen wirkt nur Teilen; die puritanische Behauptung, wer genieße, habe verdient zu genießen und es sei ihm so beschlossen und verfügt, schürt nur, gießt gar Öl ins Feuer des Neidischen und verfehlt so die Bestimmung, den armen Schlucker zu trösten: er schluckt sie nicht.

Teilen hat seine Vorläufe: einteilen und planen, hin- und hergeben, wahrnehmen und wahrmachen – nördlich und südlich. Der Entscheidungslauf muß in ein Gefälle hinein organisiert werden. Sorgfältig und aufwendig, so wie ein Bau in Hanglage besonderer Sorgfalt und besonderen Aufwandes bedarf; was der Bauherr in die Organisation des Bauens investiert, das führt er mittelbar auch dem Bau und dessen Bestand zu.

Interesse am Bestand des Baues Erde–Welt haben wir alle, sei vorausgesetzt. Wir Bauherren sollten die mangelnde Organisation des Bauens angesichts der Hanglage beheben. Wir satten Neuen hätten die mangelnde Organisation des Teilens im Gefälle durchaus als triftigen Grund zu Empörung, eventuell auch gegen uns selbst. Korrektur gewollt ungerechter Verteilung von Notwendigem, Brauchbarem und erst recht Angenehmem bedarf täglicher Empörung.

Gewußt und bedacht: Empörung verpflichtet. Wer nur schon redet, macht eine Mitteilung. Wem also mitteilen? Antwort führt den Gedanken weiter. Wer gar sich empört, teilt mit. Mit wem also teilen? Antwort verhilft zur Organisation.

Empörung ist eine Tugend, selbst wenn sie nur auf Lippen getragen wird. Sie zeigt Unzufriedenheit an, nicht die mit der eigenen, sondern die mit der Not des anderen. Diese überhaupt zu bemerken ist schon tugendsamer als die Zufriedenheit der Alten.

Geistliche Satire

Ich war in einem Gottesdienst. Der Priester hatte es wohl sehr eilig. Er hastete durch die Worte, ließ keine Zeit zum Nachdenken beim Zuhören. Schade um die schönen Worte.

Auch war er wohl sehr schüchtern. Er las alles aus dem dicken Buch vor und schaute die Leute nicht an. Schade um das Gegenüber, das nicht zum Miteinander genutzt wurde.

Hin und wieder sprachen alle gemeinsam ein paar Sätze gleichen Wortlauts, tonlos, müde und die Melodie, den Sinn der Worte, außer acht lassend. Schade um die vertane Gemeinsamkeit.

Ein paar alte Frauen hatten Schnüre in der Hand mit Kugeln daran, hielten sie fest und murmelten – unverkennbar heftig – halbgeseufzte Sätze, die ich nicht verstand. Schade um die verschenkte Stille.

Ein Chor sang. Zwar hatten alle Bücher in der Hand, Lieder darin abgedruckt. Viele blätterten suchend darin. Schade um die überflüssigen Bücher.

Der Chor sang in einer fremden Sprache, ich verstand nicht, was. Und keiner schien zu hören auf die schöne Musik. Nach geheimen Gesetzen bewegten sich alle außer dem Priester immer gleich: alle saßen, standen auf, knieten hin und setzten sich wieder. Einmal unterdessen taten alle, fast alle einen Gang durch den Raum: sie verscharrten den Jubel des Chores. Schade um die schöne Musik.

Keiner sprach mit dem Nachbarn. Sie froren wohl, waren zumindest alle zum Ausgehen fertig angezogen, ausgenommen der Priester und ein paar Kinder, die auf anmutige Art und Weise gekleidet und beleuchtet waren. Nachdem diese sich entfernt hatten, gingen die Lichter aus, kam nur noch einer, die Kerzen zu löschen. Da gingen alle stumm und unvertraut auseinander. Schade, dachte ich, um den schönen Glauben.

7 Die Sprüche

Die Weisheitsliteratur der Heiligen Schrift kennt ein »Buch der Sprüche«, eine Sammlung von Sprichwörtern und Binsenwahrheiten, Empfehlungen und Mahnungen, die in fast jeder täglichen Situation erinnert werden können. Das ganze Leben kommt in ihnen vor. Oft machen sie den Eindruck unglaublicher weltüberlegener Gelassenheit; manche wieder geben auch Auskunft über die Zweifel ihres Erfinders. Und immer ist für einen mit literarischem Empfinden die Freude am Wort und an der Dichtung darin zu entdecken.

Solche Sprüche müßten wir heute auch wieder finden:
gut zu erinnern, weil sie in gute Worte gekleidet daherkommen,
echt, weil sie von Erfahrung gedeckt und daraus entstanden sind,
praktisch, weil sie Situationen des Lebens besprechen und den Geist mit deren Durchleuchtung befassen.

Solche Sprüche – ohne den Anspruch, klassisch zu werden – sollen hier mitgeteilt sein.

1 Vergessen

Wir sind bedacht auf Ruhe, Sicherheit und Ordnung und vergessen dabei Gott, der uns als Vertriebene, Freie, Ungewisse will, nicht saturiert und wohl zufrieden im Wohlstand; der sein Heil nicht darauf abstellt, daß es uns gut geht, sondern daß wir gut sind.

2 Gott

Gott will nicht besprochen werden, sondern er will verhandelt sein. Das ist gesagt für die, die das Wort ›Gott‹ im Munde führen, aber nicht seinen Willen tun.

3 Traditionen

Traditionen und Kleidung bedürfen der Pflege. Stoffe für Kleider und Traditionen haben gemeinsam, daß nicht immer die guten die pflegeleichten sind. Aller Werbung zum Trotz sind die minderwertigen manchmal besonders strapazierfähig und haltbar.
Aber – auch gilt: was zu oft gepflegt wird, ist leicht eines Tages verwaschen. Und vor Verfilzung schützt nur sachgemäßer Umgang. Und zuletzt gar: zuviel Licht bleicht und bringt zum Verblassen.

4 Prophet

Wenn du Prophet sein willst, vergiß nie das Schicksal des Propheten: Er endet entweder kopflos oder sonstwie zerstört. Wenn nicht, so steht ihm gewiß bevor, abgelöst zu werden durch einen, der ein neues größeres Wort Gottes zu sagen hat.

5 Erwachsen

Erwachsen sein ist: Abschied von den Träumen der Jugend, Verlust der unbekümmerten Sorglosigkeit, Einsicht in Verstrickung und Verhaftung von Schuld, Leben vom harten Brot des Mehr-Tröstens als Getröstet-Werdens, Stürzen ins Zuhören/Schweigen/Überflüssigsein und Wider-alle-Vernunft-Raten, Suche nach ehemals gesehener Sehnsucht. Aber – das alles ist Leben, nicht Zumutung.

6 Jesus

Jesus hat nicht vor sich kommen lassen, sondern er ist

hingegangen. Er hat nicht zugelassen, sondern hat gehandelt und aufgemacht. Er hat den einen oder anderen nicht sitzen gelassen – am Tor, am Teich oder sonstwo, sondern hat ihn geheilt und mitgenommen.

7 Gericht

zu Mt 25, 31–46

Der Richter fragt nicht: Hast du genug gebetet? Hast du die richtigen Sätze geglaubt? Sondern: Was hast du getan?

Gewiß, er wird auch das andere honorieren. Gott läßt sich bekanntlich nicht lumpen. Vielleicht macht er ›mildernde Umstände‹ daraus. Er wird die gute Absicht gelten lassen und zugestehen, daß sie am Ende gar das gute Gewollte verstellt hat. Das wird nicht die Schuld ändern, allenfalls das Urteil.

8 Problem

Wenn Gott mir nicht mich als Problem gegeben hätte, gäbe es keinen Gott für mich. Wenn ich mit mir selbst fertig wäre, würde ich aufhören, an Gott zu glauben.

9 Fliege an der Wand

Die Fliege an der Wand, die mich stört, ist nicht Gegenstand meines Gebetes. Die Anstrengung des Betens braucht immer erst Antwort auf die Frage nach der Verhältnismäßigkeit der Mittel.

10 Politische Theologie

›Politische Theologie‹ bedeutet nicht, daß der Theologe auch die Politik mitbesorgen soll. Das ist schon einmal

schiefgegangen; als Bischöfe Fürsten waren, hatten zu viele darunter zu leiden.
Aber das ändert nichts an der Tatsache, daß es ganz nett wäre, wenn der eine oder andere Theologe etwas von Politik verstünde.

11 Zukunft der Kirche

Es ist bekanntlich so, daß es die Ratten sind, die ein sinkendes Schiff verlassen.
Oder:
Das Schiff wird in Ewigkeit nicht sinken, wird gesagt. Dann können es auch nicht die Ratten sein, die es verlassen haben. Die Ratten sind noch im Schiff; die Mannschaft setzt sich ab, vielleicht aus Angst vor zuviel Ratten.

12 Friede

Wir reden vom Frieden.
Was nützt das, wenn wir unsere Rede nicht beweisen können mit dem Frieden, den wir selbst gemacht haben?

13 Kritik und Vernunft

Traditionen gegenüber kritisch sein, das ist kein Zeichen von Bösartigkeit und Zerstörungswut, sondern ein Zeichen für engagiertes Denken. Und engagiert denkenden Menschen gegenüber offen zu sein, das halte ich für ein Zeichen von Vernunft. Wer kann für sich in Anspruch nehmen, vernünftig zu sein?

14 Wahrheit

Es ist zwar unbezweifelbar, daß die Wahrheit siegen wird.
Aber man muß schon etwas dafür tun.

15 Gutes tun

Wer mit dem Versuch, einem Menschen etwas Gutes zu tun, noch nicht hereingefallen ist, von dem kann ich nicht glauben, daß er diesen Versuch schon einmal ernsthaft gemacht hat. Oder seine Erfahrungen damit sind noch sehr jung.

Den Erfolg dieses Versuches nicht zu sehen, das allein rechtfertigt noch nicht den Vorsatz, ab sofort nicht mehr gut sein zu wollen.

16 Gut sein

Das Gute, das ich dem anderen um meiner selbst willen tue, ist sicher besser für ihn als das Gute, das ich ihm um seinetwillen tun will und dann doch sein lasse.

17 Priester

Aussichtsloser als das Tun Gottes, als er Mensch wurde und zu Kreuze kroch, ist deren Arbeit auch nicht. Vielleicht ein wenig unentschlossener, sicher bequemer.

Sie leben – wie die meisten Menschen heute – ohne Aussicht, aber eigentlich ganz bequem.

18 Antwort auf Fragen nach Gott

Wir wissen nicht, wer Gott ist, wo er wohnt und wie er aussieht.

Wer auf diese Fragen Antworten weiß, der redet nicht mehr von Gott, sondern von dem Bild, das er sich von ihm gemacht hat.

19 Gott ist barmherzig

Ich kann Gottes Barmherzigkeit nur glauben, wenn ich

barmherzigen Menschen begegne. Andere können diese Wahrheit nur glauben, wenn ich ihnen gegenüber barmherzig bin.
Der Satz »Gott ist barmherzig« wird falsch, wenn wir uns nicht gegenseitig die Erfahrung unserer eigenen Barmherzigkeit ermöglichen.

20 Dankbar gegen Gott

zu Lk 17,11–19

Gott macht das Ankommen seines Heiles nicht abhängig von der zufälligen Zahl derer, die bereit sind, sich bei ihm dafür zu bedanken.
Und – wer sich bei Gott bedanken will, wird von ihm mit neuem Auftrag wieder weggeschickt.

21 »Unerwartet sendet er Hilfe«

An einen Gott, der bestechlich ist, der angeblich jedes Gebet erhört, wenn es nur ordentlich geschrien ist, an einen solchen Gott kann ich nicht glauben.
Soweit ich sehen kann, erhört Gott nicht jedes Gebet, hilft er nicht immer rasch und gern, beschützt er nicht die Armen und Benachteiligten.
Soweit ich sehen kann, gibt Gott herzlich wenig Beweise dafür, daß er gut ist; wenig Beweise dafür, daß er an unserem Schicksal überhaupt Interesse hat.
Soweit ich sehen kann, ist Gott taub und stumm.
Ich meine, das ist die unausweichlichste unserer menschlichen Verlegenheiten: die Einsicht in das Nichtstun Gottes; die Einsicht in unser Problem, mit diesem schweigenden und untätigen Gott zu leben.
Und so geht jeder unserer Gedanken über diesen Gott aus: Am Ende unseres Denkens steht immer nur unsere eigene rätselhafte Hilflosigkeit.

22 Gottes Einsehen

Ich glaube an keinen Gott, der ein Aussehen hat; ich suche nach einem Gott, der ein Einsehen hat.

23 Kain und Abel

zu Gen 4, 6. 9

Es stimmt zwar: Zuerst hat Gott den Kain gefragt, was für ein Mensch er sei. Aber er hat nicht gewartet, bis Kain darauf eine Antwort wußte, um ihn erst dann nach seinem Bruder zu fragen.

Du mußt über dich selbst nachdenken, ehe du den Bruder suchst. Aber du darfst nicht warten, bis du dich zu Ende gedacht hast. Wenn du nur über dich nachdenkst, erschlägst du deinen Bruder.

24 Nächstenliebe

Nachdenken darüber, wer mein Nächster ist, das wird uns auf den Gedanken bringen, daß es sich dabei meistens gerade nicht um die Menschen handelt, gegen die wir sowieso nichts haben.

Wer sich den Nächsten, den er lieben will, aussucht, handelt gegen die Nächstenliebe.

25 Gottesliebe / Nächstenliebe

Der Gott, der von uns geliebt werden will, ist der Gott, der in dem Menschen drinsteckt, der uns gerade am nächsten ist.

Nicht wir haben von Gott zu erwarten, daß er sich uns noch deutlicher zeigt, sondern Gott hat von uns zu erwarten, daß wir ihn besser sehen.

26 Reich Gottes

Das Reich Gottes kann man nicht berechnen. Das war eine der Neuigkeiten, die Jesus den Leuten seiner Zeit sagte. Vielleicht ist das auch für uns heute neu.

27 Jesu Botschaft

Jesus mutet uns zu, uns auf sparsame Auskünfte über Gott zu verlassen.
Jesus verläßt uns auf der Zumutung sparsamer Auskünfte über Gott.
Jesus erspart uns Auskünfte über Gott, indem er uns zumutet, uns zu verlassen.
Jesus kommt aus Gott und ist in seinen Zumutungen von uns Sparsamen verlassen.

28 Jesus Christus

Jesus Christus ist der größte aller Menschen, weit weg von uns und uns ganz und gar unverwandt. Weil er ganz und gar Gott ist. Aber er ist doch ganz nah bei uns, weil er ganz und gar Mensch ist.
Jesus Christus hat den höchsten aller Namen, hoch über allem, dem der Mensch überhaupt einen Namen geben kann. Weil er ganz und gar Gott ist. Aber wir dürfen ihn bei seinem Namen nennen, vertraut und liebevoll, weil er ganz und gar Mensch ist.
Jesus Christus ist der liebenswerteste unter allen Menschen, den wir zwar mit all der Unvollkommenheit unserer menschlichen Liebe niemals dingfest machen können. Weil er ganz und gar Gott ist. Aber wir sind sicher, daß wir ihn mit all der Liebe, die wir Menschen füreinander aufbringen, tatsächlich erreichen, weil er ganz und gar Mensch ist.

zwölf
selbstgemachte
selbstgedachte
Psalmen gewissermaßen
Anfangen
und
Sagen
Tanzen
und
Gehorchen
Spielen
und
Fürchten
Warten
und
Schweigen
Zweifeln
und
Fallen
Lieben
und
Jubeln
finde sich einer
der sie vertont
zu singen
zum Spiel der Harfe
Denn
was gesungen ist
steigt auf
zum Herrn unserem Gott.

Anfangen

Du Gott der Unruhe
Treiber du
hast schon
meiner Väter einen
gelockt
mit Stimmen
und Reden über die Ferne
mit der Betörung
bestirnten Himmels
Sand am Meer
sei sein Name
und er hat sich gestürzt
in diesen Abgrund Anfang
blindlings
Seither
hast du
Geschmack gefunden
an blinden Anfängen
willst auch mich
anfangen sehen
Anfänge zwischen
Zorn und Mut
Bescheidenheit und Durchsetzung
Hoffnung und Verzweiflung
vermischte
schillernde Anfänge
Unruhestifter
Treiber du
jage und faß mich
laß mich
dein Gunstkind sein.

Sagen

Ein Wort zu haben
Gott
das dich ruft
das wünsche ich mir
immer
und eines
das mehr weiß
zu sagen
als ›du‹
und
›es gibt dich‹
ein Wort
mit dem
weiterzufragen
sich lohnt
du lohnst
ich nicht sinnvoll
mich zu beschäftigen wüßte
der ich doch weiß
daß es dich gibt
aber
nicht mehr
zu sagen
weniger auch nicht
ist doch zu wenig
nur dieses zu sagen
gibt es dich
dann laß
Sagen von dir
möglich sein
wozu sonst
überhaupt etwas sagen
Gott
sag selbst.

Tanzen

Kreisel
gepeitscht
und Tritt fassend
um wieder
sich abzustoßen
nicht still stehen
still stehen
ist umfallen
ich drehe mich
so bin ich
Gott
vor dir
sieh meinen Tanz
freu dich
am Kult
und gib mir
die Peitsche
erst recht
im Trudeln
und Taumeln
schlag zu
daß ich rase
mich drehe
tanze
und bin
vor dir
Gott
ein Tänzer.

Gehorchen

Kein Kismet
bisher

stellst du
mir unter
Gott
zu trotteln mich
wohin auch
gefügt
sind bisher
nur Einsichten
trübe bisweilen
die meisten
Vermutungen
manche gar
hin und wieder
Zumutungen
zugefügte
Sachzwang hier
dort
ich selbst
nicht anders wollend
bin ich verfügt
baue mein Haus
dem dann
Trauer um
ausgelassene Alternativen
Verfugung gibt
zur Haltbarkeit
bin nicht befugt
zu nichts
außer
Gott
dir zu gehorchen
gehören
hören.

Spielen

Setz mich
Gott
ein bißchen
in Freiheit
von Phantasie
und Spielen
nicht nur
zum Frohsein
reicht ja schon
frei zu sein
von Zweck
und Nutzen
die Einsicht
in zwei
oder drei Stunden
erlaubten Spiels
zur Besinnung
ohne daß
du mich verpflichtest
Zweck
Nutzen
zu nennen
und mich umwirfst
da du sagst
sinnlos
laß mich doch
Gott
meinen Turm
bauen
und aufbauen
meinen Turm
mich
der nicht

nicht ich
nicht mein Turm
dir Höhe
streitig macht.

Fürchten

Ungebärdig
und ohne Gebärde
namenlos
ist das Grauen
dessen
ich mächtig bin
ohnmächtig
wie ich bin
ab und zu
Angst
die das
nackte Bestehen
gefährdet
und in Erinnerung
gefährlicher noch
Angst vor
Wiederkehr der Angst
warum
diese Angst
die
verzeih
größer ist als du
Gott
die dich auslöscht
in mir
wenn sie
mich packt
wenn du

Gott
am Ende doch
Sieger bleiben willst
warum dann
läßt du
Etappen verlorengehen
an Angst
deiner Gegner
gibt acht
sage ich dir
daß ich nicht
auf der Strecke bleibe.

Warten

Auf welchen Befund
warten wir Menschen
und wer hier
hat schon zu befinden
todkrank am Ende
sind alle
nicht einer
wird über das Sterben leben
Erde der Grube
wird einmal
alle bedecken
bis sie schließlich
Erde der Grube
sind
auf welchen Befund
also warten
wenn nicht
was erdflüchtig
mitwartet in uns
und fragt

ruft
so gib Antwort
du Schweiger
Zulasser
Jasager
Gott
sag ja.

Schweigen

Erfüllt sein
so gut wie
vor Sehnsucht vergehen
wen soll ich bitten
daß er
mein Schweigen versteht
wenn nicht du
Gott
den ich anschweige
trotzig
verlegen
und dann sogar
wenn ich mich freue
mag ich auch stumm sein
und keiner da
der den Weg meiner Sinne
deutet
du weißt ihn
und gehst ihn
mir nach
mit mir
damit dich
mein Schweigen
endlich antrifft.

Zweifeln

Was hast du
nur immer
mit mir
du Gott
nun laß mich doch
endlich meinen Weg gehen
Geh mir nicht
auf die Nerven
mit der Frage
ob ich gut bin
Warum
willst du
mir zu meinen Zweifeln
auch noch deine geben
warum
willst du
mich gebrauchen
wozu

Fallen

Gott
wenn du willst
daß ich Wundmale
vorzuzeigen habe
dann laß die Narben
wieder aufgehen
noch ist darunter
Blut und Leben
ich habe nicht
alle Schläge verwunden
und ich treffe
Menschen und Worte

die mich
immer wieder
treffen
wo ich bereits
verwundet bin
wenn es
dir so gefällt
Gott
und wenn
du es zuläßt
muß es dir
so gefallen
dann laß es zu
dann laß mich
dir so gefallen
und nicht
laß mich so fallen
so
laß mich nicht fallen.

Lieben

Du hast
mich getroffen
Gott
berührt
bin ich
berührt sein
am Anfang
und schließlich
den Tod zu sterben
einen kleinen
oder den großen
so geht
Leben

Lieben
das ist
angesehen zu werden
und nicht
sich zu fürchten
trotz erschauern
das ist
ansehen
und zu versprechen
und nicht zu fürchten
um die Erfüllung
gegebener Zusagen
vertraut ist mir
wen ich ansehe
mancher
ist dir vertrauter
als du selbst
durch deine Ansichten
nicht wird
das Fremdsein
vergehen
auch nicht
im Hinsehen
aber
wahrnehmen
wahrgenommen werden
genommen werden
bis ich genommen werde
ins Ungeschaute
vernommene
vertraute
Lieben vom Anfang
bis
du mich nimmst
Gott.

Jubeln

Was anzufangen
wüßte ich mit meinem
Dann-Jubel
wenn nicht jetzt
laß mir
Gott
laß mir
meine Wunder
die ich
mit Menschen erlebt
mit mir
in denen du bist
jetzt
laß mich singen
und froh sein
jetzt
laß mich
Dankbarkeit
sagen und zeigen
was
soll ich jubeln dann
und nicht lieber
dann und wann
wie jetzt.

9 Hier bin ich

Eine Rede an Theologiestudenten kurz vor ihrer Priesterweihe

1
Sentimental fast
sehr persönlich
und ein Psychologe könnte sagen:
das ist Regression
so bin ich wieder
in Vorbereitung gewesen mit euch
auf das Debüt
auf der Bühne kirchlichen Lebens
immer aber auch
in Distanz
und manchmal
hat mich der Teufel geritten
und ich wollte
und will jetzt noch sagen:
in Wirklichkeit
ist alles ganz anders.

Zugehört habt ihr
mich angefragt
mich erschreckt
und mich an Verantwortung erinnert.
Mich hat die Frage umgetrieben:
wie geht das in euren Kopf,
daß die Glocken des Dienstes
in keinem Turm
in keinem Kopf
hängen?
Allenfalls
in Herz und Hand.

Da liegt das Stück Weg
das ihr nachzuholen habt
vor euch.
Deutlicher
kann ich es nicht sagen.

2
Im Johannesevangelium
steht eine Geschichte,
in der erzählt wird,
wie Jesus versucht hat,
dem Petrus
etwas vom Kopf
von den Lippen
ins Leben zu bringen,
indem er von Konsequenzen spricht.
Joh 21, 15–19

3
Da ist die Rede von:
– Tod,
den keiner auf einmal stirbt,
– Aufforderung zu folgen
die keine Antwort abwartet,
– Hände ausstrecken,
Hilfe suchen und geführt werden wollen,
statt dessen
gegürtet werden
an die Kette gelegt
»wohin du nicht willst«.

Wo kein Mensch
wachen Verstandes
hin wollen kann
nämlich
in Verantwortung
Macht

begeisterte, die nichts zu verlieren hatten, die auf ihre erbärmliche Art und Weise über den Dingen stehen.

Das solltest du auch einmal können: auf deine erbärmliche Art und Weise über den Dingen stehen. Das mußt du richtig hören, was ich dir sage: an kein Ding sollst du dich je verkaufen; keine Sache soll dir jemals sehr wertvoll werden. Menschen dagegen ja. An die sollst du immer glauben können; du sollst immer jemanden haben, mit dem du über dich selbst reden kannst.

Du sollst nie verlassen sein. Das wird dich nicht davor bewahren, umhergetrieben zu werden, manchmal entwurzelt zu sein. Vielleicht bist du sogar einmal ganz und gar enttäuscht über dich selbst.

Dann sollst du beten können, eine Antwort neu suchen auf die Frage, wer du bist und was du willst. Mache dich – für Augenblicke wenigstens – dann frei von allen anderen Menschen, wenn du da angekommen bist. Aber mache dich nicht frei von dem, den wir Gott nennen.

Du wirst alt werden, bis du weißt, wen ich damit meine. Ich weiß es bis heute nicht genau. Ich glaube, es liegt daran, daß ich nicht genug geliebt und nicht genug gelitten habe.
Da, meine ich, solltest du unbedingt hinkommen: viel zu lieben und viel zu leiden. Nicht deshalb viel leiden, weil nur gut ist, was weh tut. Aber du wirst lernen müssen, mit der Einsicht zu leben, daß es lebendige Tatsachen gibt, die dich empören, ohne daß du sie ändern kannst. Hüte dich dann vor dem Entschluß, deine Empörung einzustellen.

Und vor allem: werde nie zufrieden. Glücklich sollst du schon sein. Aber glücklich ist einer nicht, wenn er aufhört unzufrieden zu sein, sondern wenn er anfängt, aus seiner

Unzufriedenheit Mut zu fassen. Das nennt man Auferstehung.

Das wollte ich dir bei der Taufe gesagt haben: Der Sinn des Lebens, so behaupte ich, besteht darin, aufzuerstehen, jeden Tag mindestens einmal. Das wirst du erfahren müssen, und erfahren tut meistens weh.

Aber wenn du jetzt deine kleinen Hände ausstreckst, um nach den Gesichtern zu greifen, die dich neugierig, stolz, sorgenvoll anschauen; und wenn du jetzt deine Stimme erprobst, wie laut du protestieren kannst gegen das kleine Unrecht, das dir gerade geschieht; wenn du jetzt anfängst, auf allen vieren zunächst zu laufen, und bald sicher schon allein auf Füßen und Beinen, die dir gehorchen, bis du schließlich mit beiden Beinen mitten im Leben stehst, dann denke, daß alles schon angefangen hat, das ganze Leben, für dich. Und daß so das Menschsein und Christsein vor sich geht.
Verlaß dich einfach darauf, daß es immer Gesichter gibt, die deinen Zugriff aushalten, auch wenn er nicht zärtlich ist. Und immer gibt es Ohren, die deine Proteste hören. Und immer Wege, auf denen dich deine Schritte vorwärtsbringen.

Denn, weißt du, die Welt ist rund und ganz klein in der großen Hand des guten alten Mannes Gott. Da kannst du ruhig runterfallen, er fängt dich auf.

11 . . . den Armen die Botschaft der Befreiung

Katastrophenmeditation über einen aktualisierten Fetzen aus Lk 4, 18 mit einer Gruppe über einen ganzen Tag

Gedacht ist diese Meditation als Statio am Beginn eines Tages. Vorzubereiten sind Zettel, auf denen die einzelnen Sätze des folgenden Textes aufgeschrieben sind und die verdeckt von den Teilnehmern gezogen werden. Der Text wird dann vom Leiter vorgetragen.

Armut hat viele Gesichter.
Armut hat das Gesicht des Hungers.
Armut hat das Gesicht des Alleinseins.
Armut hat das Gesicht der Schuld.
Armut hat das Gesicht des Zorns.
Armut hat das Gesicht der Verachtung.
Armut hat das Gesicht des zu geringen Lohns.
Armut hat das Gesicht des bedrohten Arbeitsplatzes.
Armut hat das Gesicht der ziellosen Ausbildung.
Armut hat das Gesicht von Eltern und Kindern.
Armut hat das Gesicht des Ausländers.
Armut hat das Gesicht der Krankheit.
Armut hat das Gesicht des Todes.
Armut hat das Gesicht des Leidens.
Armut hat das Gesicht der Kinderlosigkeit.
Armut hat das Gesicht des Erwachsenwerdens.
Armut hat das Gesicht der gescheiterten Ehe.
Armut hat das Gesicht der vergessenen Liebe.
Armut hat das Gesicht von Streit.
Armut hat das Gesicht von Indien.
Armut hat das Gesicht von Südafrika.

Armut hat das Gesicht von Ideologie.
Armut hat das Gesicht der Folter.
Armut hat das Gesicht der Ausbeutung.
Armut hat das Gesicht des Krieges.
Armut hat das Gesicht der Flucht.
Wieso bin ich arm?
An was bin ich arm?
Bin ich arm?
Wie arm ist mein Nachbar?
Wer ist mein Nächster?
Bemerke ich die Armut anderer?
Geldmangel ist die geringste Armut.
Mangelerscheinungen der Menschlichkeit sind die härteste Armut.
Anders leben
damit andere überleben
billiger leben
damit mehr Geld für andere da ist
bewußter leben
damit Freude und Leid ausgelebt werden
bedachter leben
damit die Gedanken an Freiheit zum Zug kommen
wortreicher leben
damit keine Empörung unausgesprochen bleibt
sprachloser leben
damit das Geschwätz aufhört und die Taten anfangen
hungriger leben
damit die Not der Entbehrung erlebt wird
tätiger leben
damit endlich etwas geschieht
freier leben
damit Freiheit Wirklichkeit wird
Bin ich frei?
Wodurch werde ich befreit?
Von wem werde ich befreit?

Von was werde ich befreit?
Zu was werde ich befreit?
Zu wem werde ich befreit?
Wir spielen alle mit verdeckten Karten.
Nimm deine Karte mit
und schau sie hin und wieder an
und dann bete:

Erlöse uns, Herr allmächtiger Vater,
von allem Bösen
und gib Frieden in unseren Tagen.
Komm uns zu Hilfe mit deinem Erbarmen
und bewahre uns vor Verwirrung und Sünde,
damit wir voll Zuversicht
das Kommen unseres Erlösers Jesus Christus
erwarten.
Denn dein ist das Reich und die Kraft
und die Herrlichkeit in Ewigkeit. Amen.

Am Abend des Tages wird ein Gespräch angeboten über die Impulse, die die Beschäftigung mit den Zetteln tagsüber ausgelöst hat.

Eine Gruppenmeditation mit Hilfe eines Wollknäuels

1 Eröffnung

wir sind
aus einzelnen
eine Gruppe geworden
haben uns aneinander gebunden
miteinander verwoben
ein Netz von Beziehungen aufgebaut
wir wollen dieses Netz zeigen
es weben
unsere Bindungen sichtbar machen

2 Ablauf

Der Wollknäuel wird schweigend weitergereicht, von einem im kleinen Kreis nach freier Wahl zum anderen. Wer ihn annimmt, wickelt einen Faden um einen seiner Finger und gibt den Knäuel dann weiter. So entsteht ein Netz. Viele Deutemöglichkeiten ergeben sich:

Bei wem laufen Fäden zusammen?
Wer hat alle Fäden in der Hand?
Wer verbindet wen mit wem?
Wer bewegt mit einem Faden das ganze Netz?
Kann ich den Überblick bewahren über meine Beziehungen?
Beziehungen müssen gepflegt werden.
Wer Beziehungen hat, hat Einfluß.
Beziehungen, die ich nicht von Zeit zu Zeit bewege, geraten in Vergessenheit.

Manche Beziehungen sind gespannt, tun vielleicht sogar weh, wenn ich sie berühre, wenn sie von anderen überlagert werden.
Andere hängen durch.
Unachtsamkeit läßt mich Beziehungen verlieren.
Auf Umwegen wenigstens ist jeder mit jedem verbunden.

3 Hinweis

Es handelt sich um eine soziometrische Übung. Ob sie sich sinnvoll durchführen läßt, ist abhängig von der Situation der Gruppe. Der Leiter wird versuchen, einzelne oder die Gruppe davor zu bewahren, eine Beziehungsproblematik auf diesem Weg aufzudecken, die so nicht bearbeitet werden kann.

4 Abschluss

Am Ende:
wir sind untereinander
vielfach verbunden
haben Beziehungen geknüpft
sind verflochten
und verpflichtet
wir können einander anschauen
miteinander reden
ohne zu reden
indem wir
die Fäden bewegen
wir sind ein Geflecht
von ungesprochenen Worten
wir geben die Bindungen zurück
spulen sie ab
wir bauen sie nicht ab
wir wickeln sie auf
und lagern sie ein

5 Deutung mit Hilfe eines Schrifttextes

Wie Jesus und seine Freunde
in vielfachen Erfahrungen des Zusammenlebens
eine Gemeinschaft geworden sind,
so auch wir.
Jesus deutet diese Gemeinschaft
von Gott her.
Wir lassen uns unsere Gemeinschaft
durch Worte Jesu deuten
durch sein Testament.

Wie mich der Vater geliebt hat, so habe ich euch geliebt; bleibt in meiner Liebe! Wenn ihr meine Gebote haltet, bleibt ihr in meiner Liebe, wie ich die Gebote meines Vaters gehalten habe und in seiner Liebe bleibe. Dies habe ich zu euch gesagt, damit meine Freude in euch ist und damit eure Freude vollkommen wird. Das ist mein Gebot: Liebt einander, wie ich euch geliebt habe! Es gibt keine größere Liebe als die, wenn einer sein Leben gibt für seine Freunde. Ihr seid meine Freunde, wenn ihr tut, was ich euch auftrage. Ich nenne euch nicht mehr Knechte; denn der Knecht weiß nicht, was sein Herr tut; ich habe euch Freunde genannt, weil ich euch alles geoffenbart habe, was ich von meinem Vater gehört habe. Dies trage ich euch auf: Liebt einander! *(Joh 9, 15. 17)*

Vom »Bleiben« spricht Jesus. Wer sie zusammen sind, wissen sie aus der Geschichte ihres Zusammenseins. Wir erinnern uns an die Geschichte unserer Gemeinschaft, damit wir wissen, wer wir zusammen sind.

»Gebote« ist ein hart erscheinendes Wort. Gibt es Gebote unter uns? Regeln, Spielregeln, Verhaltensregeln? Alle können gestrichen werden zugunsten des einen Gebotes: Liebt einander.

Liebe hat mit Freude zu tun. Wo Freude, da ist Liebe. Wo nicht Liebe, da keine Freude.

»Wie ich euch« – von Jesus Vorgemachtes ist nur nachzumachen.

Sein Leben hat vielleicht keiner von uns herzugeben. Aber sonst manches.

Was Jesus aufträgt, ist zu *tun*. Liebe muß getan werden, nicht besprochen.

Freundschaft ist gegen Herrschaft. Mitteilung innerster Absichten baut Herrschaftsstrukturen ab, auch die Unterdrückung von einem zum anderen in einer Gemeinschaft.

Das ist Jesu Testament. Wir sagen: das Neue Testament.

13 Bild an Bild – Ich und wir

Eine Gruppenmeditation mit Malen und Musik

1

wer bin ich
was will ich
wer bist du
was willst du
wer sind wir
was wollen wir
Fragen
an der Grenze unserer Worte
deren Antworten
sich dem Reden entziehen
laßt uns
uns selbst
zu Papier bringen

2

Die Meditation wird durch entsprechende Musik unterlegt. Die Teilnehmer sitzen, liegen, hocken am Boden in einem geschlossenen Viereck, jeder vor sich ein großes weißes Blatt und ein Stück Zeichenkohle. Nach Vortrag der eröffnenden Worte soll im Malen nach der Musik jeder in der Mitte des Blattes sich selbst darstellen: durch ein Symbol, eine Graphik, ein Motiv. In Ausweitung seiner selbst soll jeder mit dem Bild seines Nachbarn Kontakt aufnehmen:

sich einpassen
sich einzeichnen
in das Bild des anderen
in das Bild
das er von sich hat

von sich gibt
ihn erkennen
wie er sich
den Weg zu seiner Mitte finden
zu ihm selbst
und dabei Annäherung vollziehen
und Wert legen
auf Behutsamkeit und Hilfe
und Einfühlung
ihn nicht angreifen
nicht verletzen
ihm nicht zu nahe kommen
die eigene Begrenzung überschreiten
die eigene Mitte öffnen
und Entgegenkommen zeigen
die Wege des anderen
zu mir selbst mitgehen
ihm den Weg eröffnen
einen Weg
eine Straße bauen
die alle gehen können
von einem zum andern
die so ein Bild werden
Bild an Bild
ich und wir

3
wer bin ich
als wer gebe ich mich
zu erkennen
wie werde ich erkannt
lasse ich jemanden
nahe an mich heran
erlaube ich den Zutritt
habe ich mich zugemacht

oder aufgetan
achte ich
des anderen Barrieren
tue ich ihm Gewalt an
ist jeder mit jedem verbunden
haben wir zueinander
den Weg gefunden

sind alles Fragen
über die gesprochen werden kann
nachher

4
Ein Schriftwort zur Vertiefung

Jetzt schauen wir in einen Spiegel und sehen nur rätselhafte Umrisse, dann aber schauen wir von Angesicht zu Angesicht. Jetzt erkenne ich unvollkommen, dann aber werde ich ganz erkennen, so wie ich auch ganz erkannt bin. Also bleiben Glaube, Hoffnung, Liebe, diese drei; am größten unter ihnen ist die Liebe. *(1 Kor 13, 12–13)*

Paulus spricht
von der Erkenntnis Gottes
der uns durchschaut
ohne daß wir ihn
jetzt schon durchschauten.
Wir selbst
bleiben uns rätselhaft,
wieviel mehr uns Gott.
Und doch
finden wir Zugang zueinander
zu Gott
durch die Verzerrung des Bildes
achten uns so
wie wir uns darstellen
ohne daß wir wüßten

wie wir sind.
Und achten so Gott.
Gott weiß
wie wir sind.
Er hat uns ganz erkannt
schon jetzt
wir uns noch nicht
nicht selbst
nicht gegenseitig
nicht ihn.
Wer wir sind
was wir wollen
ist mehr
als wir voneinander wissen
läßt Raum für
glauben
hoffen
lieben
und macht das notwendig.
Einander ganz kennen
eins sein
das ist der Himmel
einander lieben
einander glauben
aufeinander hoffen
das muß auch dann noch sein
das hört nie auf
das ist der Himmel
der aber jetzt schon anfängt.
Der Himmel hat angefangen
auf dem Weg
zu meinem Nachbarn.

14 Salz und Licht und die Stadt auf dem Berg

Eine Meditation über Mt 5, 13–16

Ihr seid das Salz der Erde. Wenn das Salz seinen Geschmack verliert, womit kann man es wieder salzig machen? Es taugt zu nichts mehr, es wird weggeworfen und von den Leuten zertreten.
Ihr seid das Licht der Welt. Eine Stadt, die auf einem Berg liegt, kann nicht verborgen bleiben. Man zündet auch nicht eine Lampe an und stellt sie unter einen Eimer, sondern auf den Leuchter; dann leuchtet sie allen im Haus. So soll euer Licht vor den Menschen leuchten, damit sie eure guten Taten sehen und euren Vater im Himmel preisen. *(Mt 5, 13–16)*

Salz

Eine Handvoll Salz . . .
Eine Handvoll Menschen hatte
Jesus im Blick, als er zu
seinen Jüngern vom Salz
sprach.

Wir sind heute diese
Jünger, diese Handvoll
Menschen, Christen –
wir.

Salz allein kann man
nicht essen.

Wenn alle Menschen Christen wären, wäre es dann
noch zum Aushalten?

Ohne Salz sind unsere Speisen geschmacklos.

Ohne Christen wäre die Welt ungenießbar.

Salz wird wertvoll in der Speise, die es würzt.

Der Christ wird wertvoll in der Welt, in der er lebt, die er *be*lebt, lebendig macht; der er ihre Fadheit und Geschmacklosigkeit nimmt, ihre Sinnlosigkeit.

Man hat früher Lebensmittel in Salz eingelegt, um sie haltbar zu machen. Salz hat konservierende Wirkung.

Wir Christen – was konservieren wir? Lebensmittel, lebensnotwendige Werte – machen wir *die* haltbar? Konservieren ist etwas anderes als Konservativsein: man konserviert Wertvolles, Lebensnotwendiges, um es für den rechten Anlaß frisch bereit zu haben. Beim Bewahren des Konservativen geht es aber oft um etwas schon Angefaultes, das vor weiterer Fäulnis bewahrt werden soll.

Salz kann fad werden, kann seine Kraft verlieren.

Dann verliert es seine
Bestimmung, wird nutzlos.

Fade Christen sind Menschen, die ihre Bestimmung verloren haben; sie sind nutzlos.

Gewiß gibt es einzelne
Salzkristalle, die
schon keinen Geschmack mehr
geben. Sie fallen nicht
auf in der Masse der
kleinen weißen Körner.
Man schmeckt nur die
besten, kräftigsten.

Geschmacklose Christen,
die tauben gehen in der
Menge unter. Es würde zuviel Mühe machen, sie zu
isolieren, auszuzählen.
Sie verhindern nichts:
Das Ganze des Christseins
hat den kräftigen Geschmack
der Besten.

Wie bescheiden, wie
unscheinbar Salz aussieht:
kleine Körner, weiß, die
sich sofort auflösen können.

Christen sollten so löslich sein wie das Salz,
so bescheiden und unscheinbar. Man muß sie
schmecken, spüren kön-

nen, auch ohne daß man sie sieht.

Salz ist in vielen Aggregatzuständen bekannt. Kultiviert und gebleicht hat es die harmloseste Form angenommen. Es paßt sich in den Eigengeschmack jeder Speise ein – bei vorsichtigem Umgang sogar harmonisch. Bisweilen verstärkt es wohltuend den Eigengeschmack.

Kultivierte und gebleichte Christen leben in der Gefahr der Anpassung. Wie die Welt schmeckt, hängt von der Dosierung des Christseins ab. Zuviel Christsein tötet die Weltlichkeit der Welt und nimmt ihr das Zugleich von Krise und Chance des Heils. Zuwenig Christsein läßt die Weltwirklichkeit auch nicht mehr nach Welt schmecken.

Licht

Licht leuchtet nicht um seiner selbst willen. Es hat hell zu machen, hat zu beleuchten. Es gibt das Licht

nicht um seiner selbst
willen.

Es gibt uns Christen nicht
um unserer selbst willen.
Wir sollen die Wirklichkeit, in der wir leben –
eine dunkle Wirklichkeit –
hell machen.

Licht macht ein Haus
wohnlich.

Das Haus unserer Welt soll
bewohnbar werden für alle
Menschen durch das Licht,
das wir sind.

Wo Licht ist, ist
auch Schatten. Aber –
auf der Schattenseite
sollte niemand leben
müssen.

Schatten ist überall
gleich schwarz; auch die
Schatten, die wir Christen
werfen, sind zu dunkel, um
darin jemanden leben lassen zu können. Wir müssen
versuchen, diese Schatten
auszuleuchten.

Licht macht die Wirklichkeit erst plastisch.

Das Licht der Christen
kann die Welt aus ihrer
Flachheit heraustreten
und sich emporheben lassen.

Licht kann blenden.
Wer geblendet ist,

im Neuen Testament
überliefert ist
da heißt es:

Obwohl ich durch Christus volle Freiheit habe, dir, was recht ist, zu befehlen, bitte ich dich um der Liebe willen. Ich, Paulus, bin ein alter Mann, der jetzt für Christus im Kerker liegt, und ich bitte dich für mein Kind Onesimus, dem ich im Gefängnis zum Vater geworden bin. Früher konntest du ihn zu nichts gebrauchen, doch jetzt ist er dir und mir recht nützlich. Ich schicke ihn zu dir zurück, ihn, das bedeutet mein eigenes Herz. Ich würde ihn gern bei mir behalten, damit er mir an deiner Stelle dient, solange ich um des Evangeliums willen im Gefängnis bin. Aber ohne deine Zustimmung wollte ich nichts tun. Deine gute Tat soll nicht erzwungen, sondern freiwillig sein. Denn vielleicht wurde er nur deshalb eine Weile von dir getrennt, damit du ihn für ewig zurückerhältst, nicht mehr als Sklaven, sondern weit mehr: als geliebten Bruder. Für mich ist er das schon, um wieviel mehr dann für dich, im menschlichen Bereich und vor dem Herrn. Wenn du mich als Bruder betrachtest, dann nimm ihn auf wie mich selbst! Wenn er dich aber geschädigt hat oder dir etwas schuldet, setze das auf meine Rechnung! Ich, Paulus, schreibe es mit eigener Hand, ich werde bezahlen – um nicht davon zu reden, daß du dich selbst mir schuldest. Ja, Bruder, um des Herrn willen möchte ich von dir einen Nutzen haben. Erfreue mein Herz; wir gehören beide zu Christus. *(Phlm 8–20)*

Wir wollen rekonstruieren,
was sich begeben haben könnte,
indem wir
die drei beteiligten Personen
sprechen lassen.

(Die folgenden drei Texte wurden durch Sprecher vorgetragen.)

4.

(1)
Ich, Paulus,
weiß, daß ich
nicht mehr lange zu leben habe.
Diese Haft hier in Rom,
obwohl sie erträglich ist,
wird kein gutes Ende nehmen.
Und auch wenn ich meinen Besuch
in Kolossä ankündige,
ich zweifle gleichzeitig daran,
daß das wahr wird.
Deshalb ordne ich
meine persönlichen Verhältnisse.

Und so schicke ich auch
Onesimus, meinen Begleiter
in letzter Zeit,
zurück zu seinem Herrn.
Der wird für ihn sorgen.
Er wird ihn
in seine Familie aufnehmen,
im Haus leben lassen,
am Tisch gemeinsam mit ihm essen,
ihn als Sohn in die Erbfolge einsetzen.

Das müßte Philemon kapiert haben:
daß Jesus Christus uns
gleich gemacht hat,
daß es das nicht mehr geben kann,
daß Menschen Menschen versklaven.
Und – daß es keine unversorgten

15 Um der Liebe Christi willen

Paulus und die Menschenrechte
Ein Meditationsgottesdienst über Phlm 8–20

1. Wir waren durch Zufall ins Denken und Reden gekommen über die Menschenrechte. Lebhaft und engagiert wurden Gedanken vorgetragen. In vielem waren wir uns einig. Doch konnte mir keiner derer, die mitredeten, den Eindruck wegschaffen, er spreche nur mit dem Kopf von denen, deren Not er nur vom Hörensagen kenne, die ihn jedoch nicht ernsthaft betreffe – warum auch.
Dann gingen wir zum Gottesdienst. Dabei erinnerte ich mich an Paulus, der die Botschaft des befreienden Evangeliums Jesu Christi zu Menschen sagte, denen »Freiheit« etwas vor ihnen Liegendes, ein menschlich erlebbares und ersehntes Gut war.

2. Vorgegeben wurde das Wort »Sklave«, als Überschrift einer großen und für alle sichtbaren Wandzeitung. Die Teilnehmer wurden aufgefordert, aus schweigender Überlegung heraus anzuschreiben, was ihnen zu diesem Wort einfiel. So entstand folgende Liste:

SKLAVE

Unterdrückung
Unmenschlichkeit
Gastarbeiter
Fließbandarbeiter
Erste Welt – Dritte Welt
Mensch und Fortschritt
Leistungszwang
Macht und Abhängigkeit

WIR
»Onkel Toms Hütte«
Mord
Geld
Konsumgesellschaft

Danach leitete ich über zur Schriftlesung

Anders als bei uns heute
die wir
wenn wir an Sklaven denken
zu abstrakten Vorstellungen greifen,
war es bei Paulus,
für den dieses Wort
Gesicht hatte,
Gesichter von Menschen,
die er kannte und liebte,
denen er
das Evangelium Jesu Christi
gesagt hatte
und die an Freiheit glaubten –
Freiheit durch Gott
und Freiheit in diesen Leben –
so konkret,
wie wir hier und heute nicht,
weil wir keine Sklaven sind,
es sei denn:
in diesem oder jenem
abgeleiteten übertragenen Sinn.
Ein Erlebnis
aus dem Leben des Paulus,
seine Freundschaft mit dem
entlaufenen Sklaven Onesimus,
ist Gegenstand eines Privatbriefes des
Paulus geworden,
der – aus welchem Grund auch immer –

im Neuen Testament
überliefert ist
da heißt es:

Obwohl ich durch Christus volle Freiheit habe, dir, was recht ist, zu befehlen, bitte ich dich um der Liebe willen. Ich, Paulus, bin ein alter Mann, der jetzt für Christus im Kerker liegt, und ich bitte dich für mein Kind Onesimus, dem ich im Gefängnis zum Vater geworden bin. Früher konntest du ihn zu nichts gebrauchen, doch jetzt ist er dir und mir recht nützlich. Ich schicke ihn zu dir zurück, ihn, das bedeutet mein eigenes Herz. Ich würde ihn gern bei mir behalten, damit er mir an deiner Stelle dient, solange ich um des Evangeliums willen im Gefängnis bin. Aber ohne deine Zustimmung wollte ich nichts tun. Deine gute Tat soll nicht erzwungen, sondern freiwillig sein. Denn vielleicht wurde er nur deshalb eine Weile von dir getrennt, damit du ihn für ewig zurückerhältst, nicht mehr als Sklaven, sondern weit mehr: als geliebten Bruder. Für mich ist er das schon, um wieviel mehr dann für dich, im menschlichen Bereich und vor dem Herrn. Wenn du mich als Bruder betrachtest, dann nimm ihn auf wie mich selbst! Wenn er dich aber geschädigt hat oder dir etwas schuldet, setze das auf meine Rechnung! Ich, Paulus, schreibe es mit eigener Hand, ich werde bezahlen – um nicht davon zu reden, daß du dich selbst mir schuldest. Ja, Bruder, um des Herrn willen möchte ich von dir einen Nutzen haben. Erfreue mein Herz; wir gehören beide zu Christus. *(Phlm 8–20)*

Wir wollen rekonstruieren,
was sich begeben haben könnte,
indem wir
die drei beteiligten Personen
sprechen lassen.

(Die folgenden drei Texte wurden durch Sprecher vorgetragen.)

4.

(1)
Ich, Paulus,
weiß, daß ich
nicht mehr lange zu leben habe.
Diese Haft hier in Rom,
obwohl sie erträglich ist,
wird kein gutes Ende nehmen.
Und auch wenn ich meinen Besuch
in Kolossä ankündige,
ich zweifle gleichzeitig daran,
daß das wahr wird.
Deshalb ordne ich
meine persönlichen Verhältnisse.

Und so schicke ich auch
Onesimus, meinen Begleiter
in letzter Zeit,
zurück zu seinem Herrn.
Der wird für ihn sorgen.
Er wird ihn
in seine Familie aufnehmen,
im Haus leben lassen,
am Tisch gemeinsam mit ihm essen,
ihn als Sohn in die Erbfolge einsetzen.

Das müßte Philemon kapiert haben:
daß Jesus Christus uns
gleich gemacht hat,
daß es das nicht mehr geben kann,
daß Menschen Menschen versklaven.
Und – daß es keine unversorgten

ken kann. Die Schüssel soll zum Teilen weitergereicht werden von einem zum anderen, bis jeder bedient ist. Nach Lektüre des Schriftwortes vom Salz und des einleitenden Übertragungsmusters »eine Handvoll Salz/eine Handvoll Christen wir« werden im freien Gespräch Gedanken wie oben gesammelt. Zuletzt wird das Salz wieder gesammelt im Topf: man bringt sich ein in die Gemeinsamkeit; im großen Topf der so gefundenen Gemeinschaft sind dann wir selbst mit dem, was wir miteinander geteilt und einander mitgeteilt haben.

sieht nicht mehr, eher
weniger.

Wir Christen dürfen keine
Blender sein.

Die Stadt auf dem Berg

Wir müssen eine Stadt sein, die auf dem Berg liegt. Die Wege, die dorthin führen, sieht schon der, der noch weit weg in der Ebene geht.
Unser Dasein ist aufgetafelt – wie das Panorama einer Stadt auf einem Tafelberg. Wenn unser Dasein nicht offenbar ist, dann sind wir nicht mehr die Stadt auf dem Berg.

Schluss

Jesus hat seine Rede
an die Jünger mit
einem Appell beschlossen: Die Menschen sollen eure guten Werke sehen
und euren Vater
im Himmel preisen.

Wir – Jünger, Christen,
was bieten wir den Menschen zu sehen?

Regieanweisung

Die Salzmeditation kann als naturale Meditation in einer Gruppe durchgeführt werden. Das kann folgendermaßen arrangiert werden:
Aus einer Schüssel mit Speisesalz nimmt jeder eine Handvoll, die er fühlen, betrachten, reiben, wovon er schmek-

Menschen mehr geben darf.
Das schreibe ich ihm.
Das ist die Revolution,
die ich vorschlage:
nicht der Aufstand der Sklaven
gegen die Herren,
sondern daß die Herrn aufhören,
Herren zu sein,
um der Menschlichkeit
Jesu Christi willen.

(2)
Ich, Onesimus,
habe mich heimatlos gemacht,
als ich dem Paulus
zugelaufen bin –
mit der Kasse,
die ich von Philemon
hatte mitgehen lassen.
Jetzt bin ich niemand,
weil ich als Sklave
kein Bürger bin:
keine Freiheit,
keine Rechte habe.
Paulus schickt mich zurück
und läßt Philemon wissen,
er soll mich
als christlichen Bruder annehmen.
Das habe ich bei Paulus gelernt:
Es gibt keine rechtlosen Menschen mehr,
nur noch Brüder in Christus.
Der hat uns alle gleich gemacht.
Vor Gott gibt es
keine Herrscher und keine Sklaven.
Philemon wird das verstehen.

Er glaubt,
wie ich,
an dieses Evangelium.

(3)
Ich, Philemon,
Kaufmann in Kolossä,
reich und – wie man mir nachsagt –
freigebig,
habe mein Leben geändert.
Paulus hat mich überzeugt
mit der Botschaft von Jesus Christus,
für den alle Menschen gleich sind.
Vor Gott – das weiß ich –
sind wir alle gleich,
egal ob Juden oder Griechen,
Kaufmann oder Matrose oder Bauer,
Sklave oder Bürger.
Ich mache das wahr
in meinem Haus.
Meine Familie ist groß geworden,
seit meine Sklaven
Freie an meinem Tisch geworden sind.
Ich bin nicht ärmer geworden,
sondern selbst freier
und mehr Mensch.
Das sollte man zum System machen,
daß niemand davon leben muß,
daß er sein Leben an andere verkauft.
So habe ich auch
den Onesimus wieder aufgenommen –
als freien Menschen.
Die Kasse, die er damals
hat mitgehen lassen,
hat er abgearbeitet –

selbstverständlich.
Aber – um der Liebe Christi willen:
wir reden miteinander
und wir leben zusammen.

5. Gespräch
Das Prinzip,
das Paulus schreibt,
heißt:
Brüder um der Liebe Christi willen.
Wir können einander mitteilen,
wie wir dieses Prinzip
übertragen können
auf Sklaverei heute.

6. Am Ende des Gespräches
Wir können
außer dem Gesagten und Bedachten
den Gedanken an dieses Rollenspiel
von hier mitnehmen:

Jeder von uns
kann ein Onesimus sein,
der in Abhängigkeit lebt
und sich nach Freiheit sehnt
und sie findet mit der Liebe Christi.

Jeder von uns
kann ein Philemon sein,
der andere hat,
die von ihm abhängig sind,
und der ihnen Freiheit gibt
um der Liebe Christi willen.

Und jeder von uns
kann ein Paulus sein,
der sich

für Freiheit und Vergebung verwendet,
damit für andere
die Liebe Christi erlebbar wird.

7. Dieser Meditationsgottesdienst läßt sich mühelos in eine Eucharistiefeier überführen. Zwei Grundgedanken stellen die Nähe dazu her:

- Wir sind alle Brüder um der Liebe Christi willen, und Eucharistie ist die Feier dieser Gemeinschaft und dieser Freiheit.
- Wir sind Freie und Gleiche an einem Tisch, und unser Zeichen dafür ist der Tisch des Herrn.

16 Lebensberatung durch Jesus

Eine Skizze über Lk 10, 25–37, eingerichtet für ein Gruppengespräch

1. Der Zusammenhang

Drei Stücke
von schlüsselhafter Bedeutung
in der Mitte
dieses Armen-Evangeliums
sein Thema ist durchgängig
Befreiung
werden eröffnet
durch diesen vertrauten Text:
Beispielerzählung vom barmherzigen Samariter.
Jesus stellt klar
daß Konkurrenz
nicht sein kann
zwischen Liebe zu Gott
und Liebe zu Menschen.
Und er macht deutlich
wie falsch die Frage ist:
Wer ist mein Nächster?

Im folgenden Text
Maria und Martha
Lk 10, 38–42
wird das eine Notwendige
des Menschseins benannt:
Hören auf Gottes Wort.

Und wieder im folgenden
Gebet Jesu
Lk 11, 1–4

wird Antwort gegeben
auf Gottes Wort
gebetet
und beten –
das ist:
zu Gott reden
mit der Stimme
und den Worten Jesu.

Ergibt sich folgender Zusammenhang:
Himmel und ewiges Leben
ist hier
in den Menschen
die hören auf Gottes Wort
und antworten mit der Stimme Jesu
und tun
und handeln
wie der Samariter –
ein bißchen Jesus selbst –
und nicht fragen
nach Nächsten
sondern nah sind dem
der Hilfe braucht.

2. Lektüre

mit verteilten Rollen:
– der Erzähler
– Jesus
– der Gesetzeslehrer,
so wird der Text
Lk 10, 25–37
vorgelesen.

E: Da stand ein Gesetzeslehrer auf, und um Jesus auf die Probe zu stellen, fragte er:

G: Meister, was muß ich tun, um das ewige Leben zu erlangen?
E: Jesus sagte zu ihm:
J: Was steht im Gesetz? Was liest du dort?
E: Er antwortete:
G: Du sollst den Herrn, deinen Gott, lieben von ganzem Herzen und ganzer Seele, mit all deiner Kraft und deinem ganzen Denken, und: Deinen Nächsten sollst du lieben wie dich selbst.
E: Jesus sagte zu ihm:
J: Du hast richtig geantwortet. Handle danach, und du wirst leben.
E: Der Gesetzeslehrer wollte seine Frage rechtfertigen und sagte zu Jesus:
G: Und wer ist mein Nächster?
E: Jesus antwortete:
J: Ein Mann ging von Jerusalem nach Jericho hinab und wurde von Räubern überfallen. Sie plünderten ihn aus und schlugen ihn nieder; dann gingen sie weg und ließen ihn halbtot liegen. Zufällig kam ein Priester denselben Weg herab; er sah ihn und ging weiter. Auch ein Levit kam zu der Stelle; er sah ihn und ging weiter. Schließlich kam ein Mann aus Samarien, der auf der Reise war; als er ihn sah, hatte er Mitleid. Er ging zu ihm hin, goß Öl und Wein auf seine Wunden und verband sie. Dann hob er ihn auf sein Reittier, brachte ihn zu einer Herberge und pflegte ihn. Am anderen Tag holte er zwei Denare hervor, gab sie dem Wirt und sagte: Sorge für ihn, und wenn du mehr für ihn verbrauchst, werde ich es dir bezahlen, wenn ich wiederkomme.
Was meinst du, wer von diesen dreien hat den Mann, der von den Räubern überfallen wurde, wie seinen Nächsten behandelt?
E: Der Gesetzeslehrer antwortete:
G: Der, der barmherzig war und ihm geholfen hat.

E: Da sagte Jesus zu ihm:
J: Dann geh und handle genauso! *(Lk 10,25–37)*

3. Fragen zum Einstieg ins Gespräch

a) Fragen der Gesetzeslehrerkette:
Der Gesetzeslehrer fragt aus tiefgründiger Angst um sich selbst. Was hat seine Angst mit meiner/unserer Lebensangst zu tun?

b) Fragen aus der Jesuskette:
Wie nimmt Jesus dem Gesetzeslehrer die Angst, die in seiner Frage steckt? Wie geht er mit dem Menschen und seiner Frage um?

4. Inhaltliche Impulse für die Auslegung des Textes bzw. für das Gespräch

V. 25 – das unlautere Motiv des Gesetzeslehrers – eine Andichtung durch den Evangelisten? – wird von Jesus nicht aufgenommen.
Die Frage ist doppelschichtig: akademisch und existentiell. Viele Fragen sind so gewandet.

V. 28 – Leben vollzieht sich im Handeln, auch Glaubensleben.

V. 31 f – Kritik am Priester und Leviten, das ist auch eine mögliche Kritik an der Kirche von heute.

V. 33 – Der ist auf einer Dienstreise, vielleicht ein Kaufmann, und steht sicher unter Zeitdruck.

V. 35 – Hier ist von der Erfindung der organisierten Caritas die Rede, die auch den schützt, der sich sonst durch Aufopferung um sein Geschäft oder um sich selbst bringen könnte.

V. 36 – Die umgedrehte Frage: In der Urfrage des Gesetzeslehrers steht der Frager im Mittelpunkt und schaut sich um nach dem, an dem er handeln kann. In der Rückfrage Jesu steht der Geschlagene im Mittelpunkt und schaut aus nach dem, der nah genug ist, ihm zu helfen.

V. 37 – Mehr braucht nicht mehr gesagt zu werden.
Und zum Ganzen: Beispiele sind barmherziger als dogmatische Belehrungen und Normen.

5. Gruppenarrangement

Drei Leser werden gebeten, sich vorzubereiten durch sorgfältige Lektüre des Textes. Dabei sollen der »Gesetzeslehrer« und »Jesus« sich identifizieren mit ihrer Rolle, etwa anhand folgender vorgegebener Fragen:

- für den Gesetzeslehrer:
  Welche Angst treibt mich zu meiner Frage?

- für Jesus:
  Welche Absicht treibt mich im Gespräch mit diesem Frager?

Die beiden könnten nach der Fragestellung aus 3 a) und b) das Gruppengespräch eröffnen. Wenn die Situation es erlaubt, können Varianten zu der Erzählung Jesu gespielt werden.

Die Aussage zu 4., V. 36 sollte szenisch verdeutlicht werden.

Am Schluß kann der ganze Text abschließend noch einmal (von einem) vorgelesen werden.

Ansonsten ist die Reihenfolge wie oben. Dabei sind 1. und 3. a) und b) Vortragstexte; 4. kann vom Leiter gesprächsweise eingebracht werden.

17 Ökologie – energiewirtschaftlich und menschlich

Ein Gottesdienst mit Jugendlichen bei einer Fachtagung

Eröffnung

Auf dem Weg
zu diesem Gottesdienst
hatte ich zu denken
assoziativ
an Jesus
und seine Freunde
beim Abendmahl,
als er ihnen
die Füße wusch.
Sie ließen
den Staub hinter sich,
schüttelten ihn
von den Füßen.
So auch wir jetzt:
den Staub des Redens
den Staub des Diskutierens
den Staub des Arbeitens
den Staub aller Gegnerschaft
in der Diskussion und Auseinandersetzung.
Wir versammeln uns
als Menschen,
die glauben,
daß Jesus Christus lebendig ist,
dann wenn wir miteinander arbeiten,
dann wenn wir miteinander Gottesdienst feiern,
wie hier jetzt.

Wir haben in zwei
unabhängigen Kursen gearbeitet
»Ökologie« –
energiewirtschaftlich und menschlich
ist unsere
dennoch gemeinsame Überschrift
über diesen Gottesdienst.
Ich denke,
es wäre gut,
wenn wir uns kurz
gegenseitig informieren.

(Es folgen Statements aus beiden Gruppen. Diese Kurzberichte dienen nur der gegenseitigen Information; eine Diskussion soll sich nicht anschließen; es ist über Tag genug geredet und zerredet worden.)

Besinnung

Ja
die Welt ist gefährdet
ökologisch
weil sie
auf einen katastrophalen
Untergang zugeht
menschlich auch
weil wir Menschen
unser Verhalten
unsere Umgangsformen
verdorben haben.
Wir hätten
Gott gegenüber
Auskunft zu geben
Rechenschaft auch
darüber

was wir gemacht haben
aus einer Schöpfung
die am Anfang
gut war.
Da kommen wir
ohne Gottes Erbarmen
nicht mehr raus.
Deshalb jetzt
die Bitte um Gottes Erbarmen
und die Erkenntnis
wo diese Welt hingeht
durch uns:

(Es folgt der Vortrag des Textes »Am Anfang schuf Gott Himmel und Erde ...« von J. Zink. Die Lektüre des Textes wird nach jedem Abschnitt unterbrochen durch einen Kyrie-Ruf oder ein entsprechendes Lied.)

Schriftlesung

Ein anderer Text
eine Verheißung nur
– nur? –
die wir machen können
Gottes Zusage an uns
wenn wir die gute Zukunft wollen
die Botschaft
vom neuen Himmel
und der neuen Erde.

Das neue Jerusalem

Und es kam einer von den sieben Engeln, welche die sieben Schalen mit den letzten sieben Plagen trugen. Er sprach zu mir: Komm! Ich will dir die Braut zeigen, die Frau des Lammes. Da entrückte er mich im Geist auf einen großen, hohen Berg und zeigte mir die heilige Stadt Jerusalem, die von Gott her aus dem Himmel herabsteigt in der Herrlichkeit Gottes. Ihr Glanz gleicht dem Glanz eines kostbaren Edelsteins, eines kristallklaren Jaspis. Die Stadt hat eine große und hohe Mauer mit zwölf Toren und zwölf Engeln auf den Toren; darauf sind Namen geschrieben: die Namen der zwölf Stämme der Söhne Israels. Im Osten hat die Stadt drei Tore und im Süden drei Tore und im Westen drei Tore. Die Mauer der Stadt hat zwölf Grundsteine; auf ihnen stehen die zwölf Namen der zwölf Apostel des Lammes.

Und der Engel, der mit mir sprach, hatte einen Meßstab, ein goldenes Rohr, mit dem die Stadt, ihre Tore und ihre Mauer gemessen wurden. Die Stadt war viereckig angelegt und ebenso lang wie breit. Er maß die Stadt mit dem Rohr; ihre Länge und Breite und Höhe sind gleich: zwölftausend Stadien. Und er maß ihre Mauer; sie ist einhundertvierundvierzig Ellen lang nach Menschenmaß, das heißt nach Engelmaß. Ihre Mauer ist aus Jaspis gebaut, und die Stadt ist aus reinem Gold, wie aus reinem Glas. Die Grundsteine der Stadtmauer sind geschmückt mit edlen Steinen aller Art; der erste Grundstein ist ein Jaspis, der zweite ein Saphir, der dritte ein Chalzedon, der vierte ein Smaragd, der fünfte ein Sardonyx, der sechste ein Sardion, der siebte ein Chrysolith, der achte ein Beryll, der neunte ein Topas, der zehnte ein Chrysopras, der elfte ein Hyazinth, der zwölfte ein Amethyst.
Die zwölf Tore sind zwölf Perlen; jedes der Tore besteht aus einer einzigen Perle. Die Straße der Stadt ist aus reinem Gold, wie aus klarem Glas.
Einen Tempel sah ich nicht in ihr. Denn der Herr, ihr Gott, der Herrscher des Alls, ist ihr Tempel, und das Lamm.
Die Stadt braucht weder Sonne noch Mond, die ihr Licht

spenden. Denn die Herrlichkeit Gottes erleuchtet sie, und ihre Leuchte ist das Lamm. Die Völker werden in ihrem Licht einhergehen, und die Könige der Erde bringen ihre Pracht in die Stadt. Ihre Tore werden den ganzen Tag offenstehen; denn Nacht wird es dort nicht mehr geben.
Die Pracht und die Kostbarkeiten der Völker wird man in die Stadt bringen. Nichts Unreines aber wird Einlaß finden, keiner, der Greuel verübt und lügt; nur sie, die im Lebensbuch des Lammes geschrieben stehen, werden eingelassen.

Und er zeigte mir einen Strom, das Wasser des Lebens, klar wie Kristall; er fließt vom Thron Gottes und des Lammes her. In der Mitte des Platzes der Stadt und in der Mitte des Stromes zu seinen beiden Seiten steht der Baum des Lebens. Er trägt zwölfmal Früchte: jeden Monat bringt er seine Frucht, und die Blätter des Baumes heilen die Völker. Nichts Verfluchtes wird es mehr geben. Der Thron Gottes und des Lammes wird in der Stadt stehen, und seine Knechte werden vor ihm dienen. Sie werden sein Angesicht schauen, und sein Name steht auf ihrer Stirn geschrieben. Nacht wird es nicht mehr geben, und sie brauchen nicht das Licht einer Lampe noch das Licht der Sonne. Denn der Herr, ihr Gott, wird leuchten über ihnen, und sie werden herrschen in alle Ewigkeit.

(Offb 21, 9–22, 5)

Ich lade ein
zu Musik
ein wenig zu meditieren
über die Neuigkeiten
die da gemeint sind:
Was alles könnte neu werden
bei uns und anderen
erneuert
renoviert

bis es neu ist
neue Erde
neuer Himmel
eine Welt aus Edelsteinen
in der Gott regiert
mit einer Herrschaft
die nicht knechtet
sondern liebt
eine Welt ohne Müll
mit der Energie Liebe
ohne kaputte Menschen
sondern mit solchen
die ganz Liebe sind
wir vielleicht
wenn wir neu werden ...

Meditationspause
unterlegt mit unaufdringlicher Musik.

Kommunikativer Teil

Einen Bissen – oder:
ein bißchen von der neuen Welt
sei hier in unserem Gottesdienst
in unserer Gemeinschaft
in der Jesus Christus
lebendig gegenwärtig ist
in Brot und Wein
die wir miteinander teilen
und hoffentlich in uns
die wir einander mitteilen.

(Brot und Wein werden ausgeteilt; man kommt untereinander ins Gespräch über das, was am Tag in verschiedenen Gruppen erarbeitet wurde, und über die Gedanken, die der Gottesdienst angestoßen hat. Gedämpfte Musik begleitet das Miteinanderreden. Dafür soll viel Zeit sein.)

Gebet und Bitte um Segen

Das Lied von der Hoffnung
auf eine gute Zukunft
von Welt und Menschen
von Gott als Vater
von seinem Reich und seinem Willen
von Brot für alle
und Vergebung
das können wir jetzt singen:

Ein Vaterunser-Lied.

Wir bitten zum Schluß
um Segen
der uns
Gott selbst eigentlich ist gemeint
begleiten soll
von hier
von der Insel
weg ins Leben
nach Hause
wo die Fragen erst anfangen
lebendig und wirklich zu werden:
daß wir dann bestehen
das soll Gott
mit seinem Segen wirken:
der Vater, der Sohn und
der Heilige Geist. Amen.

18 Tarifverträge im Reich Gottes

Ein biblisches Rollenspiel nach Mt 20, 1–16

1. Tarife

sind ein nie versiegendes Thema unserer Politik. Sind sie deshalb so wichtig, weil wir Menschen mittlerweile gelernt haben, uns zu definieren nach dem, was wir haben, und nicht nach dem, was wir sind. Wenn nicht – überhaupt und grundsätzlich – diese Voraussetzung unterlaufen wird, ist schließlich Menschsein ganz und gar korrumpiert. Deshalb stellt das vorliegende Spiel diese Grundlage in Frage mit Berufung auf das Reich Gottes: Es will die Art, so zu denken, wie im politischen Leben bei Tarifverhandlungen gedacht werden muß, ad absurdum führen. Gewiß, das ist keine realpolitische Alternative; aber vielleicht macht es die Realität deutlich dessen, um was in tagespolitischen Kämpfen gefochten wird.

2. Herstellung der Szene

a) Die Situation:

Im Weinbau und Weinhandel sollen neue Tarifverträge zustande kommen. In erster Runde sind die Verhandlungen gescheitert; jetzt gehen sie in einer Schlichtungskommission in eine weitere Runde.

b) Die Personen:

Diese Schlichtungskommission soll paritätisch besetzt sein von

- Vertretern der Arbeitnehmer (Gewerkschaft der Weinbauern)
- Azubis: sie haben eine eigene Vertretungsorganisation

– Vertretern der Arbeitgeber (Winzerverband)
– Vertretern der Weinbergseigentümer
– Vertretern eines Ministeriums für Wirtschaft, Arbeit und Soziales.

Den Vorsitz führt ein Parteiloser (Spielleiter).

c) Der Raum:

Alle sitzen – nach Fraktionen gruppiert – an einem runden Tisch. Schilder identifizieren den einzelnen und seine Fraktionszugehörigkeit. In der Mitte Blumen und auch sonst vom Atmosphärischen einiges, was Arbeitssitzungen und Schlichtungsverhandlungen so der Öffentlichkeit zu zeigen gewohnt sind.

d) Vorphase:

In einem Vorlauf zum Spiel selbst ordnen sich die Teilnehmer einer der mitspielenden Gruppen zu. Sie diskutieren in den einzelnen Gruppen ihre Identität und ihre Stellungnahmen in der bevorstehenden Verhandlungsrunde. Fragen dieser Verhandlung werden sein:
– Was halten Sie auf der Grundlage des Beispiels Mt 20, 1–16 von ›gerechtem‹ Lohn?
– Können Sie die dort vorgetragenen Lösungsvorschläge als akzeptabel ansehen für unsere Fragen?

e) *Das Gleichnis von den Arbeitern im Weinberg:*

Das Himmelreich ist mit einem Gutsherrn zu vergleichen, der früh am Morgen sein Haus verließ, um Arbeiter für seinen Weinberg anzuwerben. Als er sich mit den Arbeitern auf einen Denar für den Tag geeinigt hatte, schickte er sie in seinen Weinberg. Um die dritte Stunde machte er sich wieder auf und sah andere auf dem Markt stehen, die keine Arbeit hatten. Er sagte zu ihnen: Geht auch ihr in meinen Weinberg! Ich werde euch geben, was recht ist.

Und sie gingen dorthin. Um die sechste und neunte Stunde ging der Gutsherr wieder hinaus und machte es ebenso. Als er um die elfte Stunde noch einmal hinausging, traf er andere Männer, die dort herumstanden. Er sagte zu ihnen: Was steht ihr hier den ganzen Tag untätig herum? Sie antworteten ihm: Niemand hat uns angeworben. Da sagte er zu ihnen: Geht auch ihr in meinen Weinberg! Als es nun Abend geworden war, sagte der Besitzer des Weinbergs zu seinem Verwalter: Ruf die Arbeiter und zahl ihnen den Lohn aus; fang aber mit den letzten an und nimm die ersten zuletzt! Da kamen die Männer, die er um die elfte Stunde angeworben hatte, und jeder erhielt einen Denar. Als dann die ersten an der Reihe waren, rechneten sie damit, mehr zu bekommen. Aber auch sie erhielten nur einen Denar. Da murrten sie über den Gutsherrn und sagten: Diese Letzten haben nur eine Stunde gearbeitet, und du hast sie ebenso behandelt wie uns, die wir die Last des ganzen Tages und die Hitze ertragen haben. Er aber erwiderte einem von ihnen: Freund, ich tue dir kein Unrecht. Hast du nicht einen Denar mit mir vereinbart? Nimm dein Geld und geh! Ich aber will diesem Letzten ebensoviel geben wie dir. Darf ich mit meinem Geld nicht tun, was ich will? Oder bist du aus Neid böse, weil ich gütig bin? So werden die Letzten die Ersten sein und die Ersten die Letzten. *(Mt 20, 1–16)*

3. Das Spiel

Der Vorsitzende eröffnet:

»Meine Damen und Herren, wie Sie wissen, sind unsere Verhandlungen über ein Zustandekommen neuer Tarifverträge in eine Sackgasse geraten. Es erscheint mittlerweile auch in dieser Instanz der Schlichtungskommission einigen fast aussichtslos, daß wir noch zu einem konstruktiven Ende unserer Beratungen kommen.

Angesichts dieser Tatsache denke ich, daß in unserer Situation nur noch unkonventionelle Lösungen helfen können, wie sie bisher in unseren Verhältnissen noch nicht vorgekommen sind.

Ich möchte daher die nun beginnende Verhandlungsrunde eröffnen mit einem solchen überraschenden Vorschlag, indem ich mich auf ein Beispiel aus einem zugegebenermaßen sehr fernen Land beziehe.

Das Land, das ich als Beispiel nennen möchte, heißt ›Reich Gottes‹. Es weiß niemand ganz genau, wo es liegt. Nach den Worten seines Gründers – eines gewissen Herrn Jesus aus Nazaret – ist es ›mitten unter uns‹ (Lk 17, 21). Bekannt wurde uns dieses Beispiel durch ein Weißbuch des Reiches Gottes, veröffentlicht unter dem Titel:

Neues Testament; es findet sich dort im Bericht eines Herrn Mattäus (20, 1–16).

Ich fordere Sie auf, sich in Ihren Fraktionen mit diesem Beispiel auseinanderzusetzen und Ihre Stellungnahmen dazu zu erarbeiten. Zu diesem Zweck unterbreche ich nun die Sitzung.«

Es folgt nun Kleingruppenarbeit zu dem zitierten Gleichnis: aus ihrer jeweiligen Gruppenidentität sollen die Mitspieler das Gleichnis beurteilen. Folgende Überlegungen etwa kommen dabei auf:

die Arbeitnehmer:

völlig inakzeptabler Vorschlag; stellt das Entsprechungsprinzip zwischen Arbeitszeit und Lohn in Frage; zu wenig Beachtung wird den Sozialbedingungen der Arbeit geschenkt: Gesundheitsvorsorge für die, die bei Mittagshitze arbeiten; wer arbeitet, hat ein *Recht* auf Lohn, und es ist keine Frage der *Güte*, ob ihm Lohn gezahlt wird; usw.

die Azubis:
dringende Forderung nach der Einstellung von Facharbeitern, gegen das Tagelöhnersystem, damit eine qualifizierte Ausbildung geleistet werden kann; nur mit angelernten Arbeitern zu arbeiten, ist Ausbeutung; usw.

die Arbeitgeber:
eklatantes Beispiel von Überbezahlung der kurzfristigen Aushilfskräfte; positiv wird beurteilt der Trend, von langfristigen Arbeitsverhältnissen abzugehen und kurzfristig – der Saison und Konjunktur entsprechend – operieren zu können; das entlastet auch den Betrieb von den unzumutbaren Sozialleistungen; usw.

die Eigentümer:
positiv die klare Tendenz, daß der Eigentümer wirklich Herr seines Geldes ist; das Beispiel wird als klare Absage gegen jede Vergesellschaftungstendenz des Betriebes gewertet; usw.

Vertreter des Ministeriums:
keine Präzedenzfälle in der Gestaltung von Arbeitsverhältnissen schaffen; die Rationalisierungsfragen mitbedenken; dem vorgeschlagenen Beispiel fehlt jede politisch verantwortliche Einsicht in den Zusammenhang zwischen Lohn- und Preisentwicklung; Appelle zur Mäßigung; usw.

Diese verschiedenen Stellungnahmen ergeben eine lebhafte Diskussion, in deren Verlauf die Parteien – wenn auch aus verschiedenen Gründen – sich einig werden, diese Lösung abzulehnen. Der Vorsitzende stellt diesen Konsens fest und leitet dann die Verhandlung über in eine Sitzungspause, bei der ein kleines Arbeitsessen gereicht wird.

»Skepsis, meine Damen und Herren, erscheint angebracht: ich stelle fest, daß Sie sich einig sind in der Vorstellung, diese Vorschläge können nicht realisiert werden. Es sei denn, wir wären bereit zu einer radikalen Veränderung unserer Verhältnisse. Ich erlaube mir, Sie darauf hinzuweisen, daß diese radikale gesellschaftliche Veränderung der Gründer des Reiches Gottes gewollt hat. Jesus von Nazaret hat sie auch selbst in Gang gebracht: Die Tatsache ist nicht zu verkennen, daß er zuerst mit einer Neuorganisation menschlichen Zusammenlebens im vorpolitischen Raum begonnen hat. Leitvorstellungen waren dabei:

- Nichtanerkennen sozialer Unterschiede,
- die Persönlichkeit und die Interessenpolitik jedes einzelnen hinterfragen auf ihre Grundorientierung an Menschlichkeit,
- absolute Gewaltfreiheit, auch die Freiheit von psychischer Gewalt, moralischem Druck und Abstimmungsmehrheiten,
- der Grundsatz: Gesetze, Verträge, Bürokratie sind für den Menschen da und nicht umgekehrt,
- Betonung lebenswichtiger Alltagselemente wie z. B. Essen, Trinken, Gesundsein usw.

Es ist notwendig, Konventionen im vorpolitischen Raum aufzugeben, wenn man das politische Manifest des Reiches Gottes zur Verwirklichung bringen will.

Eine Möglichkeit, das zum Ausdruck zu bringen, sehe ich in dem kleinen Arbeitsessen, das für Sie vorbereitet ist. Wir halten es in Erinnerung an dieses Reich Gottes, als Vorwegnahme dieser Wirklichkeit gewissermaßen.

Zeichen dieses Arbeitsessens sind:

- daß alle an einem Tisch sitzen,
  das eine Brot essen, den einen Wein trinken;
- daß die Verschiedenheit der Interessen keine Rolle spielt für die Möglichkeit der Gemeinschaft untereinander;

– daß jeder außer seinem eigenen Menschsein keinen Vorzug geltend machen kann.

So war dieses Essen gemeint von seinem Erfinder Jesus von Nazaret, der Wert legte auf die Schlichtheit von Brot und Wein.«

Es folgt die Austeilung von Brot und Wein; ein einfaches Mahl beginnt, bei dem noch viel über die seltsame Tarifentwicklung im Reich Gottes gesprochen wird. Das Spiel endet mit einer kurzen (improvisierten) Rede des Vorsitzenden nach dem Essen.

Hilfen zum Umgang mit sich selbst

1. Vorüberlegung

Oft wird die Diplomatie schlecht oder mindestens verdächtig gemacht. Dabei ist sie zunächst nur die Kunst, Standorte zu bestimmen – eigene und die anderer –, den Kurs zu regulieren, Verträge auszuhandeln . . .
Jeder – finde ich – sollte sich selbst gegenüber diplomatisch sein, und das meint nicht: heimlich-tuerisch, überlistend, sondern: sich steuernd, einflußnehmend, notfalls vertraglich. Sich selbst zu regulieren ist eben auch die Kunst der Standortbestimmung, der Kurskorrektur, der Vorsätze und quasivertraglichen Abmachungen.

2. Arrangement

Um die folgenden Texte in einen Übungszusammenhang zu bringen:

- Ich kann mich in verschiedene Kreise einzeichnen. Da ist zum Beispiel mein Freundeskreis; wo bin ich? Da ist der Kreis der Personen, mit denen ich zusammenarbeite; wo bin ich? . . .
- Ich kann meinen Umgang mit meiner Zeit zu Papier bringen. In einem Kreisfeld mache ich durch Segmentierung meine Verhaftung in verschiedenen Lebens- und Arbeitsbereichen deutlich.
- Ich kann mir die faktischen Prioritäten meiner Arbeit bewußtmachen, indem ich sie in einen Kreis einzeichne und ihre Lage zum Mittelpunkt, zu mir selbst hin bedenke.

– über all das kann ich auch mit einem Partner ein Gespräch beginnen.

Zur Einstimmung in diese und ähnliche Überlegungen können die nachstehenden Texte eine Anregung sein.

3. Texte

Einleitende Assoziationen

Orten
Orte
Plätze
Grenzen
frei sein
frei gemacht werden
sich einschränken
sich konzentrieren
im Mittelpunkt stehen
am Rande
draußen
wo bin ich
wer bin ich
wo will ich hin
wer will ich sein
sich aussagen
sich ausreden
ausreden lassen
sich einreden
unausgesprochen
sich darstellen
sich vorstellen
sich stellen
stell dich
stelldichein

Orten

Wer bin ich?
Was will ich?
Das sind unsere Lebensfragen.
Wir haben keine anderen Fragen,
die so wie diese
wichtig sind.
Sie bleiben unbeantwortet.
Ein Leben lang.
Wer sie nicht mehr stellt,
ist tot,
hat aufgehört zu leben.
Es gibt Hilfsfragen dazu,
die die Suche
nach Antwort
nicht sinnlos scheinen lassen.
Eine lautet:
Wo bin ich?
Wo ist mein Platz?
Wo ist mein Ort?

Ein Schiff auf See,
ein Flugzeug im Luftkorridor,
ein Satellit im Weltraum:
sie alle orten sich,
bestimmen den Ort,
an dem sie sind,
ehe sie den Kurs verändern
oder beibehalten.
Orten wir uns
in den Räumen,
in denen wir sind.

Orten heißt:
Peilen –

wo sind die anderen?
Ausmessen –
wie weit weg bin ich
von dem oder jenem?
wieviel Nähe ist möglich
ohne tödlichen Zusammenstoß?
wieviel Nähe ist nötig
für Berührung und Sichtkontakte?
Ausloten –
wieviel Tiefgang habe ich?
was alles ist unter mir?
wie tragfähig ist der Boden,
auf dem ich stehe?
Senden –
um Kontakt zu haben,
um Worte zu geben
und zu hören.
Signal geben –
damit ich bemerkt werde
und eingeplant, einbezogen.
Signale wahrnehmen –
damit ich nicht zu nah komme,
damit ich keinen Unfall baue.
Orten heißt:
das Feld sondieren,
damit ich Grenzen sehe
und mit diesen Grenzen
leben kann,
ohne sie ständig anzulaufen.
Orten heißt:
Antwort finden und darstellen
auf die Frage:
wo bin ich?
Da ist mein Arbeitsfeld:
wo bin ich?

Da ist mein Freundeskreis:
Wo bin ich?
Da ist der Kreis der Mitarbeiter,
mit denen ich zu tun habe:
wo bin ich?
Wer sich geortet hat,
kann Kurs nehmen,
Kurs korrigieren
oder beibehalten.

Verträge

Verträge
sind Absprachen
zum Schutz erworbener Rechte.
Ein Recht,
das ich mir
durch Überlegungen
erworben haben könnte,
könnte sein:
Ich glaube mir nicht alles.
Ich leiste mir manchmal,
anderer Meinung zu sein als ich.
Dann zum Beispiel,
wenn ich mal aus mir
heraustrete,
innehalte und mir zuschaue.
Ich schaffe damit
ein bilaterales Verhältnis
zu mir selbst.
Und dieses Verhältnis kann
Grundlage eines Vertrags sein,
einer (schriftlichen) Vereinbarung
über den künftigen Kurs
mit mir selbst.

Oft brauchen Verträge
Schutzmächte,
Garantien von dritten.
Ich kann mir
zu den beiden Mächten,
die ich bin
und die miteinander
etwas vereinbaren,
einen Dritten dazuholen,
einen Wächter
oder Berater
oder beschützenden Freund.

Briefe

Wenn ich zwei Mächte bin,
dann kann ich mir
auch einen Brief schreiben:
ich – der ich hier bin
dem – der ich zu Hause bin.
Gegenstand des Briefes wäre,
daß dem – der ich zu Hause bin
das gesagt würde,
was dem aufgefallen ist,
der ich hier bin.
Und der Ich-zu-Hause
sollte sich das
von dem Ich-hier
gesagt sein lassen.
Wir leben
in Zeit und Geschichte
und deshalb
wäre zu datieren:
der Tag des Vertragsschlusses
oder der Briefschrift

und der Tag des Gültigwerdens
oder Ankommens.
Das hilft,
die in Zeit, Geschichte und Raum
leicht lösliche Verbindlichkeit
zu konservieren.
Es ist manchmal
gut und wichtig,
in dem Sinne konservativ zu sein,
daß wir etwas bewahren,
was wir einmal erkannt haben
oder über uns wußten und dachten.
Sonst
geraten wir in die Gefahr,
uns selbst zu vergessen.

20 Deutungen zur Eucharistiefeier

1
disparat
verschieden
vereinzelt
viele Ichs
sind wir:
zusammengewürfelt
teilweise verbunden
zusammen
vielleicht
ein Anfang von Gemeinschaft

diesem Anfang von Gemeinschaft
verleihen wir Ausdruck
indem wir
das Mahl Jesu
miteinander feiern
einander
Brot und Wein
weitergeben
etwas miterleben
von teilen
mitteilen
feiern
wie Jesus damals
im Kreis seiner Freunde
als er
Brot brach, teilte und aß
Wein trank und austeilte
sich selbst hingab
...

singen
das Fest hinüberretten
in den weiten Abend
von hier weggehen
ohne
mit Feiern aufzuhören
Gemeinschaft weiterhaben
und Worte füreinander

2
Brot
Brot
daß wir Brot haben
zum Essen und zum Verschenken
daß wir nicht hungern
und nicht verhungern lassen
daß wir Brot sind
für andere

Wein
Wein
daß wir zu trinken haben
etwas zum Verströmen
und zum Zerfließen
zusammen
und als Vorrat für die
die zu wenig haben

Raum
Raum
daß wir Raum haben
zum Denken
zum Leben
zum Freisein
daß wir
anderen ihren Raum

nicht streitig machen
daß wir
Gefängnisse aufmachen
unsere
und die der anderen
daß wir
niemanden der gefangen ist
vergessen

Musik
Musik
daß wir
ein gemeinsames Leben
auch ohne Worte
haben
daß wir
uns freuen können
daß unsere Freude
und unser Leben
Räume erfüllt
und Stille totmacht
und Stille möglich macht

Gemeinschaft
Gemeinschaft
daß wir uns
nicht gegenseitig loslassen
daß wir uns
nicht fremdbleiben
daß wir
voneinander lernen
zu verstehen und
verstanden zu werden

Freunde
Freunde
daß wir
treu und in Verantwortung
zusammen leben
unvergeßlich vertraut
daß wir
einander vertrauen

Erkennen
Erkennen
daß wir
nicht nur denken
sondern auch
handeln
daß wir
tun was wir sagen
daß wir
durch Vormachen
überzeugen

3
Fremde
Freunde
ein Thema
und eine Wirklichkeit
wir haben einen Anfang
in dem sind wir
einander fremd
wir wollen
uns nicht fremd bleiben
wir wollen
Freunde werden
wir haben ein Ziel
vielleicht
sind wir unfähig

hier jetzt
einen gemeinsamen Weg
anfangen
ein Fest feiern
mit Freunden
wir bieten Freundschaft an
vom Fremdsein
zum Freundsein
sind Schritte zu gehen
aufeinander zu
man fragt sich nach Namen
man möchte kennenlernen
dazu gehört
Bewegung, Veränderung
macht unsicher
eröffnet
sich selbst zu befragen
ich denke nach
über mein Handeln
über mein Verhalten
über die, mit denen ich zusammen bin
ich entdecke
mich und andere
wir bauen ein Gefüge
von Beziehungen auf
wir werden Gemeinschaft
vielleicht Gemeinde

da kann
auf einmal
ganz nah am Leben
von Glauben
die Rede sein:
einander stützen
zum Bestehen des Lebens

das Leben meditieren
es ändern
ausrichten
nach dem Beispiel Jesu
das ganze Leben
ein Fest sein lassen
Freunde sein
wir essen Brot miteinander
ein Zeichen für
Freundschaft und Frieden
so wie Jesus
seinen Freunden ein Freund war
der Friede Jesu
und seiner Freunde
soll mit uns sein
das wünschen wir uns
indem wir einander
die Hand geben
das Brot des Friedens
wollen wir teilen und essen
damit wir Leben haben
statt einander fremd zu sein

Elemente einer Eucharistiefeier in einer Gruppe zur Eröffnung eines abendlichen Mahles

Gebet zu Beginn

Ein Wort zu haben,
das uns versammelt
und dich
Gott
beim Namen nennt,
so daß du vorkommst
jetzt und hier
in unserer Mitte,
das ist es,
was wir nötig haben:
ein Wort der Besinnung
und Erinnerung an Schuld,
ein Wort der Stille
und der Einigkeit,
ein Wort der Vergebung
und des Friedens
und der Zukunft.
So gib uns
Vertrauen zueinander,
Vertrauen zu dir
und deinem Wort,
Herr unser Gott.
Gib uns dein Wort
Jesus Christus
hier und jetzt
und alle Tage.
Amen.

Erörterung

Von der Urgemeinde wird uns die Tradition des »Herrenmahles« überliefert, einer Verbindung von Sättigungsmahl oder Festessen mit der Eucharistiefeier.
Wir hier tauchen ein in diese Tradition, setzen das Zeichen der Eucharistie zur Eröffnung unserer Versammlung
- als Vorzeichen unserer Gemeinschaft,
- als Benennung der Dimension von Freundschaft und Gemeinschaft, wie sie unter Christen gelten soll.

So machen wir uns gleich den ersten Christen in dieser Feier:
Wir hören Gottes Wort.
Wir beten für Gott und die Welt.
Wir erleben uns als Gemeinschaft.
Wir feiern das Mahl.

Lesung mit Kommentar

Wir nehmen Maß an der Urgemeinde.

Alle, die gläubig geworden waren, hielten zusammen und hatten alles gemeinsam. Sie verkauften Hab und Gut und teilten davon allen mit, jedem wie er es nötig hatte. Tag für Tag verharrten sie einmütig im Tempel, brachen in ihren Häusern das Brot und aßen miteinander in Freude und Einfalt des Herzens. Sie lobten Gott und waren beim ganzen Volk beliebt. *(Apg 2, 44–47a)*

Heute ist die Gemeinde größer geworden: die ganze Welt ist die mögliche Gemeinde Jesu Christi.
Deshalb soll jetzt die Welt vorkommen: die kleine, unsere und die große, von der wir ein Stück neu gesehen haben, in Bitten, die wir nennen:

...

3. Deutende Gedanken

Da wimmelt es nur so
von Bildern, Vorstellungen,
Vermutungen und Ahnungen,
Hoffnungen und Sehnsüchten,
wenn wir die Worte
wirken lassen auf uns,
die wir einander gesagt haben,
die in den Schrifttexten vorkommen.

Advent
ist so ein Wort
voller Innerlichkeit
auch Spannung bis zur Gereiztheit
Erwartung
vorläufig
auf was eigentlich warten
nach was eigentlich Ausschau halten
Sagen nicht die Erfahrungen
unseres Lebens durchgängig,
daß wir alles Erwartete
bisher immer überschätzt haben?
Dem Ausstehen einer Erfüllung
standhalten,
nicht ausgefüllt sein
auszuhalten –
das gilt von
kleinen menschlichen Begebenheiten
von Freundlichkeit und
Enttäuschung untereinander
das gilt auch tiefer
für unser letztes Innerstes
für die Frage nach Sinn
Ursprung und Ziel unseres Lebens
aushalten

nicht ausgefüllt sein
warten
sich am Unvollkommenen festhalten
bis schließlich
Vollkommenheit erreicht ist
darin wenigstens.

Anfang

was war am Anfang?
an unserem Anfang
als wir einander kennenlernten
als wir miteinander
uns auf den Weg machten
Glauben zu entdecken und
einander weiterzusagen
zum Wachsen
zum Reifwerden
Am Anfang war Gott
auch an diesem Anfang
an unserem Anfang
war Gott
müßig zu fragen
worin er zu sehen sei
und wie sein Wirken
bestimmt werden kann.

Uns unterscheidet
von unserem Anfang
nicht daß wir
mehr wissen
sondern daß wir
einander und Gott
begegnet sind.

Licht

Bild für Klarheit
und Wärme

und freies Leben
und Entfaltung.

Von Freude Glück
vom Aufgehn des Herzens
ist da die Rede.
Reichtum
und Schätze
und Umherschauen
und Staunen
ein Traum
in den wir uns verlieren können
das wäre schlecht
der Ansporn sein kann
zur Unzufriedenheit
mit uns selbst
mit der Welt um uns her
das wäre gut.
Wenn die Herrlichkeit Gottes kommt,
vergeht unsere Unzufriedenheit
und wir werden staunen.
Wir aber müssen
sie auch kommen lassen.

Begleitet sein
nicht allein gelassen
im Tun
und im Raten
und im Suchen
und Versuchen
unüberbietbare Ziele zu haben
Gnade
und Treue für das
was nicht zu schaffen ist:
sich seinem Namen anvertrauen.

Ein Licht sehen
das auf uns lastet
und das uns trägt
da sind wir nicht allein
dazu
hat Gott uns
sein Wort gegeben
hat
sich selbst versprochen
in seinem Sohn
Jesus von Nazaret
den wir
Messias Christus nennen.

Das war
kein Versprecher Gottes
sein Versprechen
bei uns zu sein
in Menschen
denen wir begegnen
in Menschen
die wir einander sind
in Worten
in denen uns vom Menschen Jesus
gesagt wird
in einer
unaussprechlichen Wirklichkeit
die uns näher ist
als wir selbst
uns nahe sind
Aus dieser Fülle
haben wir alle
alles empfangen
er allein
ist unser Begleiter.

Weihnachten muß gefeiert werden

1 Nebeneinander sein ist leichter als miteinander sein.
Es ist einfacher, Feinde zu haben, als: ein Freund zu sein.
Die Menschen anders haben, anders machen wollen, ist leichter, als einander zu verstehen.

2 Das sind die Grundgesetze unseres Menschseins, geschrieben mit dem eisernen Griffel von Leuten, die recht haben wollen und Ruhe und Ordnung.

Weihnachten heißt:
Gott kommt und wirft diese Grundgesetze um. Gott ist da und sagt: So einfach lebt keiner, der Mensch sein will, so wie ich, Gott, Mensch bin.

3 Das eigentlich Überraschende an Weihnachten ist:
daß es ein armseliges Kind sein soll, geboren unter menschenwürdigen Umständen, das die Welt retten wird.
Die Ungeheuerlichkeit von Weihnachten liegt in der Kleinheit und Kleinlichkeit dieses Anfangs des Lebens Jesu.

4 Alles Kleine ist ungeheuerlich, auch unsere eigene Kleinheit, die Erbärmlichkeit unseres Lebens, wir selbst, denen die Axt schon an die Wurzel gelegt ist, die wir uns so oft im Leben wie Spreu aus dem Weizen ausgeschaufelt fühlen.
Gibt es etwas, das das Leben nicht schon mit uns gemacht hätte? Haben wir uns die Zweifel am Sinn des Lebens vielleicht aus den Fingern gesogen?

5 Nein. Und Gott weiß das.
Seine Antwort heißt:
»Heute ist *euch* der Retter geboren – das ist Christus der Herr – in der Stadt Davids.«
Heute habe ich euch ernstgenommen, mich euch gezeigt, wie ihr mich sehen könnt und sehen sollt: als Mensch unter Menschen. Heute habe ich – aus Verlegenheit über eure Zweifel an meiner Güte – mich euch gleich gemacht und euch gesagt: Gemeinsam wollen wir als Menschen den Weg des Lebens gehen, bis hinab zum Tod am Kreuz, wenn es so sein muß.
Aber – niemals wieder unter Preisgabe dieses neuen Menschseins.
Heute hat meine Herrlichkeit unter euch begonnen, ein ewiger Friede.
Vorausgesetzt: Ihr könnt sehen, hören, staunen, weitersagen.

6 Gott schenkt sich uns.
Gott tut das Menschliche.
Er tut es menschlicher als wir Menschen – ohne Gegenforderung, einfach in der Hoffnung, daß ein volles Maß überläuft. Daß wir Menschen mit Dankbarkeit antworten. Daß wir weiterschenken. Wenn einer nicht weiterschenkt, wenn einer dieses Menschsein nicht weitersagt und weitergibt, ist das das Zeichen dafür, daß er nichts empfangen hat.

7 Gott schenkt sich selbst, teilt sich mit. Verschenkt sich, verliert sich. Gibt sich verloren. Gibt sein Gottsein auf. Zugunsten des Menschseins. Gott wird Mensch. Das ist eine Demonstration, damit wir ihn in unserer Nachbarschaft finden können. Das ist doch geschenkt, sagt Gott. Das heißt: Ich will nichts dafür wiederhaben, ich will nicht selbst gewinnen aus meinem Schenken; andere, ihr Menschen untereinander sollt den Nutzen da-

von haben. Das ist geschenkt, zum Verteilen, zum Weitergeben. Nicht zum Sparen, sondern zum Verschleudern.
Hast du auch danke gesagt, ich habe gar nichts gehört, sagt Gott nicht.

8 Weihnachten ist mehr als nur ein Innehalten. Ist Anfang, ist Verpflichtung, ist Nicht-mehr-vergessen-Können.
Weihnachten ist die Beständigkeit eines neuen Grundgesetzes des Menschseins in Begründung: Menschsein zur Rettung der Welt.
Das ist die Botschaft von Weihnachten für jeden von uns: daß wir Menschen ohne die Menschlichkeit, die uns in Gott heute erschienen ist, nicht mehr leben können. Nicht daheim in unseren Familien, nicht mit Nachbarn und Freunden und Fremden, nicht mit anderen Völkern auf einer immer kleineren Erde.
Weihnachten *feiern,* damit wir leben können.

Meditation und Gespräch in einer Gruppe über partielle Alternativen zum Leben

1. Zur Einführung

Wer anders leben will, soll sich klarwerden, welche Alternativen er sucht, welche er realisieren kann.
Es gibt radikale Alternativen, den Auszug in eine ganz und gar neue Existenz. Eine solche Alternative verwirklicht keiner, der nicht die ganze Wirklichkeit, die er bisher oder die ihn bisher gemacht hat, verlassen kann.
Es gibt partielle Alternativen, das kleine Umdenken, das hilft, etwas Vertrautes, Gewohntes neu zu sehen; etwas Unentdecktes zu bemerken; etwas Verborgenes, vielleicht Peinliches, zu entschleiern und zu verändern.
Um diese kleinen Alternativen geht es hier.

2. Zur Organisation

Diese Meditation und dieses Gespräch können so organisiert werden:
Die Gruppe sitzt im Kreis. In der Mitte liegen die Karten, auf denen die untenstehenden Texte aufgeschrieben sind. Der Leiter fordert ein Gruppenmitglied auf, eine Karte zu ziehen, sie zu lesen und sie einem anderen Gruppenmitglied zu geben. Der liest sie, erst leise für sich, dann laut für alle, und kann etwas dazu sagen, was ihm dabei einfällt, was ihn betrifft. Der ihm die Karte gegeben hat, kann etwas dazu sagen, warum er sie gerade ihm gegeben hat. Danach ist derjenige, der die Karte bekam, am Ziehen usw., bis der Kartenstoß aufgebraucht ist.

3. Hier die Texte der Karten

Geld
Nimm dir einmal eine Viertelstunde Zeit und beobachte den Betrieb an irgendeiner Kasse eines Kaufhauses. Wieviel Geld wird da umgesetzt? Was könntest du damit anfangen? Was könnte einer damit anfangen, der noch weniger hat als du?

Erniedrigung
Bück dich einmal und hebe etwas auf, was ein anderer fallen gelassen oder achtlos weggeworfen hat. Und nimm wahr, was dir zu diesem Gegenstand einfällt.

Besinnung
Nimm dir einmal bewußt Zeit, um über dich selbst nachzudenken; über den Kreis, in dem du lebst; über deine Ideale, über deine Hoffnungen und Wünsche.

Diskussion
Sei einen Moment still, tritt aus dir heraus und betrachte dich und die anderen, die da miteinander reden. Seid ihr noch Menschen, oder seid ihr zweibeinige Standpunkte?

Mut
Jeder erlebt Situationen, in denen er sich nicht getraut oder getrauen kann, zu sagen, was er denkt. Wann ist es dir das letzte Mal so gegangen? War das begründet?

Schuld
Schuld kann einen Menschen ganz hart mitnehmen. Oft wird aber auch Schuld harmlos gemacht, weil wir uns gern im besseren Licht sehen. Was tust du oder müßtest du tun, um deine Fehler zu kennen?

Erwachsen sein
Wer erwachsen ist, muß Abschied genommen haben von den Träumen seiner Jugend. Von welchen Jugendträumen

hast du Abschied genommen? Bist du so der Wirklichkeit des Lebens näher gekommen?

Alt werden
Alt werden sollte etwas mit »weise werden« zu tun haben. Weisheit alter Menschen ist aber selten. Woran liegt das? Wie wirst du sein, wenn du einmal alt geworden bist?

Briefe
Briefe schreiben ist ein bißchen aus der Mode gekommen. Es gehört auch viel Phantasie dazu. Wann hast du den letzten Brief bekommen, wann den letzten geschrieben?

Freundschaft
Mit dem Wort »Freund« wird oft erstaunlich leichtsinnig umgegangen. Man kann eigentlich nicht viele gute Freunde haben. Wer kennt dich so, daß er wirklich dein Freund sein kann?

Vertrauen
Das Vertrauen jedes Menschen wird im Leben erschüttert. Keiner von uns ist so vollkommen, daß er alles Vertrauen, das in ihn gesetzt wird, jemals erfüllen kann. Gibt es jemanden, dem du vorbehaltlos vertraust?

Staunen
Daß es keine Wunder gibt, hat sich in unserem Bewußtsein als Erfahrungswert festgesetzt. Die meisten haben daraus die Konsequenz gezogen, nicht mehr zu staunen. Du auch?

Pünktlichkeit
Pünktlich sein sagt etwas aus über den Charakter eines Menschen oder zumindest über seinen Lebensstil. Was könnte man aus deiner Pünktlichkeit oder Unpünktlichkeit zutreffend erschließen über dich?

Liebe

Liebe ist ein schillerndes Wort; damit kann vielerlei gemeint sein. Und oft genug wird es mißbraucht. Was würdest du erwarten, wenn einer dir sagt: ›Ich liebe dich‹?

Vergebung

Nach einem Streit den ersten Schritt zur Verständigung zu tun, ist eine große Kunst. Beherrschst du diese Kunst? Wo hat sie dir zuletzt gefehlt?

Weltweite Solidarität

Hunger und Elend betreffen den weitaus größten Teil der Menschheit, Wohlstand dagegen den kleinsten. Du gehörst, weil du hier lebst, zu denen im Wohlstand. Wie gehst du mit den Informationen über die anderen um?

Telefon

Telefongespräche sind oft sehr unpersönlich, weil man einander nicht sehen kann. Oft tut der Gesprächspartner vielleicht noch etwas anderes nebenbei. Wenn du das nächste Mal mit einem Bekannten telefonierst, stell dir sein Gesicht vor und was er damit ausdrücken würde, wenn ihr euch sehen könntet.

Humor

Lachen ist gesund, zumindest wenn es nicht gehässig oder verkrampft ist. Wieviel wert wäre alle Ernsthaftigkeit dieser Welt, wenn wir nicht befreit auch einmal lachen könnten? Hast du heute schon einmal von Herzen gelacht?

Angst

Es gibt eine Angst, die größer ist als die Fähigkeit, Vertrauen zu schenken. Was würdest du tun, wenn du dieser Angst begegnest, bei dir selbst oder bei anderen?

Sterben

Fast alle Menschen haben Angst vor dem Tod. Wann hast du das letzte Mal über das Sterben nachgedacht?

Schmerzen
Schmerz macht Menschen entweder ruhig und verständnisvoll oder unduldsam. Zu welcher Sorte von Menschen gehörst du?

Eitelkeit
Ich kenne einen Menschen, der liebt sich selbst am meisten und ist sehr von sich überzeugt. Bist du dieser Mensch?

Kinder
Kennst du ein Kind, das manchmal glücklich ist? Bist du als Kind manchmal glücklich gewesen? Du könntest etwas für das Glück von Kindern tun.

Sorgen
Es gibt Menschen, die große Sorgen haben. Vielleicht kennst du den einen oder anderen. Kannst du all dein Verhalten den Problemen dieser Menschen gegenüber für richtig finden?

Klagen
Erinnere dich, wann du die letzte Klage von einem Menschen gehört hast. Was hast du mit seinem Problem angefangen? Hast du ihn verstehen können? Warum, oder warum nicht?

Freundlichkeit
Hast du die Bitte, die zuletzt an dich von irgend jemanden herangetragen wurde, erfüllt? Bist du schon einmal um Unzumutbares gebeten worden? Was mutest du anderen mit deinen Bitten zu?

Stille
Versuche dort, wo du gerade bist, einmal ganz still zu sein. Nimm alle Geräusche konzentriert wahr. Einsamkeit ist lautlos.

Umwelt
Räume einmal auf. Man kann viel im kleinen dafür tun,

daß unsere Umwelt freundlicher wird. Schaff selbst keine Unordnung, wirf nie etwas gedankenlos hin.

Straße
Betrachte einmal aufmerksam das Gesicht eines Menschen, der dir auf der Straße begegnet. Kannst du daraus lesen, was für ihn wichtig ist im Leben? Was ist für dich wichtig?

Straßenbahn
Zähle die Menschen, die mit dir zusammen im Wagen sind. Stelle fest, daß du nicht errechnen kannst, wie viele Gedanken jetzt im Raum sind. Gibt es gedankenlose Menschen? Denkst du selbst genug nach?

Essen, Trinken, Rauchen
Verbrauche einmal so viel weniger, daß du das spüren kannst. Genieße bewußter das Wenige. Vielleicht wirst du dabei auch schöne und neue Gefühle erleben.

Verbündete
Sprich einmal mit anderen Menschen über ihre Erfahrungen und über die Frage, welche Seite unseres Lebens und Zusammenlebens wir vor allem erneuern sollten.

Tempo
Wähle an einem beliebigen Tag einen etwas anderen Rhythmus als sonst. Wer immer aktiv und auf Trab ist, soll sich einmal die Zeit nehmen, bei sich selbst zu verharren und das eigene Schaffen zu überdenken.

Natur spüren
Sei mindestens einmal in der Woche offen für das Schöne in der Natur. Wieder einmal bewußt spüren, was Wind ist, wie sich der Boden anfühlt. Einen einzelnen Baum betrachten, eine Blume, ein Blatt. Und schau auf das Spiel, das der Wind mit den Wolken treibt.

(Weitere Texte können mühelos dazu erfunden werden. Alle Karten sollten das jeweilige Stichwort als Überschrift haben und oben rechts den Vermerk tragen: Fastenzeit heute.)

4. Ein Hinweis

Diese Übung hat starke soziographische Effekte: sie ist eigentlich eine feed-back-Übung. Wenn sie davon entlastet werden soll, wenn also aufgrund der Gruppensituation diese Absicht der Übung eingeschränkt werden soll, so kann der Leiter am Beginn zwei Regeln aufstellen:

- Jedes Gruppenmitglied soll mindestens eine Karte bekommen.
- Es besteht kein Zwang, sich zum Text einer Karte zu äußern.

25 Auszug in eine neue Existenz

Zu bedenken am Gründonnerstag

1
Ein Gruppenraum am Abend.
Zwölf Männer
Wanderer
straßenkünftig
belegen die Polster
müde
warten auf das Mahl
hungrig
schmutzig.
Hätte einer
von einem zum andern
zu gehen
die Schüssel mit Wasser
tragend
und
die Füße zu waschen.
Der fehlt.
Ein Tuch
paßt auch dem Meister.
Er wird zum einen.
Der geht diesen Weg:
hier staubige Füße
dort die des Nächsten
zu waschen

Jesus stand vom Mahl auf, goß Wasser in eine Schüssel und begann, den Jüngern die Füße zu waschen: dies Beispiel hat er ihnen gegeben.

Jesus hat sich nicht gescheut zu dienen. Er hat die Mühe des Aufstehens, Sich-in-Bewegung-Setzens auf sich genommen. Er geht von einem zum andern und dient ihnen, seinen Jüngern – uns – ein Beispiel.

2
Schweigen
im Raum
betreten
beklommen
bis
einer widerspricht

»Herr, du willst mir die
Füße waschen?«
»Wenn ich dich nicht wasche,
hast du keine Gemeinschaft
mit mir.
Was ich tue, verstehst du
jetzt nicht; du wirst es
aber später verstehen.«

Da läßt
der sogar
der eine
sich das gefallen
und der
gibt das Zeichen
den sie ehren

Lassen wir uns dieses Zeichen gefallen? Verstehen wir das Beispiel, das Jesus gibt? Gehören wir zu den Späteren, die verstanden haben?

3
Man fände
nicht
den Sinn
des Auftrittes Jesu

im Reden
vom Beispiel
einer Bescheidenheit
einer Sachlichkeit
vielmehr
den ganzen Weg
schildert
Jesus
im Zeichen

gekommen, nicht sich be-
dienen zu lassen, sondern
zu dienen

Zwar:
stärker
der eine
mit der Autorität
und doch:
beugbar
und sich beugend
vor Abhängigen
Bedrohten
vor Kleinen
der allein Große.
In die Niederungen
steigt ab
dem allein
Ehre gelten darf.
Ad absurdum geführt
der Streit
»wer ist der Größte«
ich und meine Ehre
ich und meine Ehre
alle gegen alle
»wer ist der Größte«
Aufbruch des einen

aus der alleinigen Ehre
fängt auf
dich
mich
uns ehrsüchtige
wohin nur
sind wir gestürzt
als wir
unsere Ehre suchten
wem sind wir
begegnet
außer unserer Armut

Daß Gott sich so tief hinabbeugt, ist das Muster für den Weg des Menschen, für unseren Weg.

Wenn ich, der Herr und Meister, euch die Füße gewaschen habe, müßt auch ihr einander die Füße waschen.

Wir haben zu tun, was uns töricht scheint, was allem Gefühl für Rang und Selbstachtung widerspricht. So werden wir Frieden schaffen, nur so.

Daran werden alle erkennen, daß ihr meine Jünger seid: wenn ihr Liebe habt zueinander.

4

War
Friede
am Anfang
oder Macht?
Macht
die den Streit totmacht
ist nicht Friede.

Friede ist
Ende von Ehre
selbstgemacht

> Ein neues Gebot gebe ich
> euch: Liebet einander.
> Wie ich euch geliebt habe,
> so sollt auch ihr einan-
> der lieben.

Je vollkommener uns das gelingt, um so tiefer wird der Friede sein, der von uns ausgeht.

5
Der Alte Bund
hat sein Bild
für den Imperativ:
Das ist der Aufbruch
herangetragen
an wen
unser Auszug
aus Ägyptenland
ins Namenlose
Ferne
Auszug
in eine neue Existenz
Leben
nach Jesu Vorbild
nach ›dies Beispiel‹

Gott der Herr geht vorüber.
Hastig sollen wir das
Mahl halten,
hastig, weil wir aufbre-
chen wollen,
weil der Ort unserer Be-
währung – gelobt das
Land –
anderswo ist.

Was wir hier tun, hat nur den Sinn, daß wir es unterwegs fortsetzen. Was wir in dieser Nacht tun, hat nur den Sinn, daß wir es unterwegs, alltags fortsetzen.

Das ist
unser Fest
zur Ehre des Herrn:
unser Gedenken
seit Generationen
unsere feste Regel
Leben so
wie Jesus
beispielhaft

»Begreift ihr, was ich
euch getan habe?«

Gedanken am Karfreitag

Die Axt an die Wurzel gelegt
den Baum ins Fleisch getroffen
ins Leben
den Lebensbaum
ihm ein Leid geschlagen.
Hat uns das Leben nicht ausgeschaufelt
wie die Spreu aus dem Weizen?
Ein Schlag
bringt den Schlag
reißt die Wunde
die klafft
geschafft
kaputtgemacht
tot.

Das soll jetzt ausbluten
und offenbleiben
ein Loch
eine Narbe.
Kann einer kommen
und seine Hand reinlegen
einer der nicht glauben will
daß einmal tot war
was er jetzt lebend spürt.

Die Ungläubigen sind nicht die
die die Hand reinlegen
um sich zu überzeugen
sondern die
die kein Leben spüren in dem
was einmal tot war.

Die haben auch kein Leben gespürt
als sie zugeschlagen haben.

Die Ungläubigen sind dieselben wie die,
die zugeschlagen haben.
Die wollen das Leben kappen
da wo es aus der Erde rauskommt
an der Wurzel
damit dem Baum
keine Krone wachsen kann.

Das ist ja gar nicht Gott
der die Bäume
nicht in den Himmel wachsen läßt.
Das sind ja die
die zuschlagen
wo sich auf der Erde zeigt
was wachsen kann.

Nimm die Axt weiter
eins ist geschafft
immer fließt Blut
wo die Axt hintrifft
es hört nicht auf
weh zu tun.
Aber –
es ist nicht mehr
unter die Erde zu bringen.
Vorsicht –
es wächst
es schlägt aus
es gibt Schatten
es sorgt für saubere Luft
es bringt neue Triebe
es schießt – wenn überhaupt –
höchstens ins Kraut
oder in die Höhe.

Da haben die Holzfäller einen Fehler gemacht, sie hätten den Baum halt eben ausgraben müssen und dann den ganzen Baum verbrennen.

Das bißchen Kleinholz
das sie abzuhobeln versuchen
das macht noch nicht mal
ihre schlechten Gedanken warm.

Das reicht nicht
für den letzten
endgültigen Scheiterhaufen
das reicht
für die Sparflamme:
Ausverkauf derer
die zugeschlagen haben.

Hätten sie nur
die Axt zu Hause gelassen
aber –
das ist die Erfahrung der Bäume:
einmal das Tageslicht gesehen
wachsen sie mühsam
axtgeängstigt
hin und wieder verletzt.
Und
Verletzung schützt vor Früchten nicht
verletzte Bäume bringen gute Früchte
denen wird ja die Hand aufgepfropft.

Tag des Baumes
ein aufgerichtetes Symbol
hat keine Angst vor kleinen Äxten.
Die Axt
die groß genug ist
diesen Baum umzuhauen
muß erst noch gefunden werden
und gäbe es sie:

wer wäre stark genug
sie zu führen.

Jaja
die Axt
ist schon an die Wurzel gelegt
wer sagt denn
daß der Baum daran kaputtgeht
dieser Baum nicht.

27 Schuld und Scheit

Ein Bußgottesdienst mit einer Gruppe am Karsamstag

Eröffnende Worte

»Schuld und Scheit« heißt dieser Bußgottesdienst. Das Scheit ist da. Seine Schuld hat jeder mitgebracht.

Regieanweisung

Die Gruppe sitzt im Kreis um einen Holzblock, darauf ein Holzscheit und eine Axt. Meditative Musik stimmt ein. Ins Schweigen wird eine Wortmeditation gesagt:

Text

Da sitzen wir
Christen in Erwartung
von Ostern
Auferstehung
sind Arme
die auf die Botschaft
der Befreiung warten.
Sitzen wie die Hühner
im Dunkeln auf der Stange
und warten aufs Licht
wie die Vögel beim Brüten
und warten darauf
daß etwas
sich zu regen anfängt
und ausschlüpft.
Worauf wir brüten

das ist ein Tod
den wir veranlaßt haben
und ein Grab
das wir geschaufelt haben
die Katastrophe
an der wir nicht unschuldig sind.
Denn
unsere Lasten hat er getragen
haben wir ihm aufgebürdet
wir haben sie weggeschoben von uns
ihm angedreht
da sieh du zu
da hat er sie totgemacht
und ist selbst gestorben.
Wir sollten
wenn wir könnten
sie zurücknehmen
unsere Lasten
unsere Schuld
annehmen
auf uns nehmen.
Nur angenommene Schuld
verändert
macht uns besser
macht ihn lebendig.

Ein Gebet

wird gesprochen, frei erfunden oder nach vorheriger Auswahl.

Schriftlesung

Seht, mein Knecht wird erfolgreich sein, erhöht werden, hoch emporsteigen und sehr erhaben sein.
Wie sich viele über ihn entsetzten – so unmenschlich entstellt war sein Aussehen, und seine Gestalt nicht mehr die der Menschenkinder –, so werden viele der Völker in Staunen geraten. Könige werden vor ihm ihren Mund verschließen; denn, was ihnen noch nie verkündet wurde, sehen sie, und was sie niemals gehört, vernehmen sie:
»Wer glaubte dem, was wir vernahmen? Wem ward der Arm Jahwes enthüllt?«
Er wuchs empor vor uns wie ein Reis, wie eine Wurzel aus dürrem Erdreich. Keine Gestalt besaß er, noch Schönheit; und es war kein Anblick, daß wir sein begehrten.
Verachtet war er und von den Menschen gemieden, ein Mann von Schmerzen und leiderfahren; wie einer, vor dem man sein Angesicht verhüllt, verabscheut, von niemand beachtet.
Aber wahrlich, unsere Krankheiten hat er getragen, unsere Schmerzen hat er auf sich geladen; doch wir hielten ihn für einen Geschlagenen, den Gott getroffen und gebeugt hat. Er ward durchbohrt um unserer Sünden willen, zerschlagen für unsere Missetaten. Zu unserem Frieden lag die Strafe auf ihm; durch seine Striemen ist uns Heilung geworden.
Wir alle irrten umher wie die Schafe, jeder ging seine eigenen Wege. Aber Jahwe ließ ihn treffen die Schuld von uns allen. Er wurde mißhandelt, doch er beugte sich. Er öffnet nicht seinen Mund. Wie ein Lamm, das man zur Schlachtbank führt; wie ein Schaf vor dem Scherer verstummt, öffnet er nicht seinen Mund.
Durch Gewalt und Gericht ward er ergriffen; wer kümmert sich um seinen Rechtsfall? Er ward herausgerissen

aus dem Land der Lebendigen; unserer Sünden wegen ward er zu Tode getroffen. Bei Verbrechern bestimmte man sein Grab und bei Reichen seine Gruft, obgleich er niemals Unrecht tat und kein Trug in seinem Munde war. Jahwe gefiel es, ihn durch Leiden zu zermalmen; wenn er sein Leben als Schuldopfer hingibt, wird er Nachwuchs sehen und viele Lebenstage, und der Plan Jahwes wird durch seine Hand gelingen.

»Nach der Mühsal seiner Seele wird er Licht sehen und sich sättigen. Durch sein Leiden wird mein Knecht viele rechtfertigen, indem er sein Verschulden auf sich nimmt. Darum will ich ihm die Vielen als Anteil geben, und die Mächtigen fallen ihm als Beute zu dafür, daß er sein Leben in den Tod dahingegeben hat und unter die Übeltäter gezählt ward, während er doch die Schuld der Vielen trug und für die Sünder eintrat.« *(Jes 52, 13–53, 12)*

im Anschluß daran: meditative Musik.

Vergegenwärtigung der Schuld in der Meditation über das Holzscheit

(Das Scheit wird mitten im Kreis zerschlagen, so lange geteilt, bis jeder einen Span, ein Stück Holz davon in Händen haben kann. In die Pausen zwischen den Schlägen wird der Text gesagt.)

Wir hier
sind vergleichbar
dem Holz dort:
ein Ganzes
gefaßt
gefügt
verbunden.
Ein wohlgezielter Schlag

teilt das Holz
teilt uns.
Wie heißt dieser Schlag?
Was trennt uns?
Jeder Schlag
jede Schuld
zerstört Gemeinschaft
macht uns
getrennter
vom Scheit
zum Gescheiterten
bis jeder
ein Holz hat
ein Holz ist
hölzern
holzig
und allein
mit sich
und seiner Schuld.
Schuld macht einsam
das kann keiner mehr flicken
das kann nur noch durch Feuer
vernichtet werden.
Was uns trennt
ist das Holz
das Stück Kreuz
die Schuld.
Dieses Holz
will getragen werden
diese Schuld
will angenommen
mitgenommen sein.
Verbrennung
Vergebung wird vertagt.

Die Dunkelheit
von jetzt
wird ausgehalten
bis der neue Tag beginnt
bis das Feuer brennt
bis Leben ist.

Zum Schluss

kann ein Lied gesungen werden, ein bißchen betreten vielleicht.

28 Narren auf dem Scherbenhaufen oder wir Christen an Ostern

Litanei von der großen Welt

Krieg
Unterdrückung
Folter
Ausbeutung
Hunger
Gewalt
Reichtum
Terror
Sterben
Seuchen
Katastrophe
Arbeitslosigkeit

Litanei vom kleinen Leben in der großen Welt

Sorgen
Unzufriedenheit
Sinnlosigkeit
Leid
Einsamkeit
Vorurteil
Krankheit
Betrug
Haß
Ärger
Arbeit
Schulden

Erörterung

Da sitzen wir
Narren auf dem Scherbenhaufen
wir Christen an Ostern
auf unseren Formeln
Auferstehung
Hoffnung
Erlösung
auf unseren
zerfahrenen Sehnsüchten
ausgebleichten Träumen
und brüten
auf ungelegten
angeblich revolutionären
Eiern
mitten im Unrat
verlorener Menschlichkeit
Güte und Liebe
unfähig zu reden
von schön und gut
von Freude
von Liebe
sprechen eine Sprache
von Tischen und Stühlen
nur Meßbares zählt
und
Berechnung ersetzt Erkenntnis

Behutsam und zaghaft
läßt dennoch
utopischer Trotz
den Aufstand »Auferstehung«
proben:
Dem Sinn
auf die Spur zu kommen

der uns
trotz Ansicht
von Sinnlosigkeit und Hoffnungslosigkeit am Leben hält.

Am Ende der Kraft unserer Worte behaupte ich, daß wir aus der Erfahrung leben, daß das Leben weitergeht, selbst wenn alle Wirklichkeit sich so gebärdet, als sollte das Leben erstickt werden. Und: wir regenerieren erstaunlich in den kleinen Siegen, die wir erkämpft haben in Dunkelheiten und Ausweglosigkeiten des eigenen Lebens. Das ist die Theorie von den heimlichen Reserven des Menschseins, die durch Untergang aktiviert werden und die nicht aus Menschsein allein erklärt werden können. Für deren Herkunftsgeschichte wird Gott gebraucht. Und in die Geschichte eines Lebens gepackt, ergeben sie das Bild Jesu von Nazaret:
– ganz und gar ausgelebte Menschlichkeit
– ganz und gar tödliches Leiden und Sterben
– ganz und gar unerklärlicher Aufstand und neues Leben.

Hymnus

Jesus Christus
einmal vom Tod erstanden
stirbt nicht mehr
er lebt
er ist bei uns
alle Tage unseres Lebens
bis ans Ende aller Zeit.
Einmal
so sagen wir
ist es Gott gelungen
den Sieg des Lebens und der Liebe
über Tod und Elend und alles Böse
zu zeigen.

Seit diesem einen Mal
ist der Kampf des Bösen und Dunklen
gewonnen für Gott.
Gott hat
Tod Elend alles Böse
in einen Abgrund
des Vorläufigen
geworfen.

Beschlussvorlage

Zur Verhinderung, damit nicht der Botschaft »Jesus lebt« die Ungeheuerlichkeit und die verändernde Kraft geraubt wird, schlage ich vor, daß:

- wir uns einlassen auf die Anforderung, die Gott mit Leiden, Tod und Auferstehung Jesu von Nazaret an uns stellt,
- wir uns festlegen auf das Vorbild dieses stattgefundenen Lebens,
- wir uns befreien lassen zu einem Leben, das Schluß macht mit Angst vor Zukunft und Schicksal und mit Rücksicht auf eigene Vorteile und nur eigenes Wohlergehen,
- wir uns ermutigen lassen zu einer Hoffnung, die in unmenschlicher Welt Gesten und Gebärden der Menschlichkeit anbietet,
- wir als einzigen diskutablen Sinn des Lebens solche Verbindlichkeit und Verantwortlichkeit des Menschseins ansehen.

Aufruf zur Osteralternative

Frühlingsanfang	Hoffnung
Ferien	Freude
kulturträchtig	Liebe
vom Eise befreit	Vertrauen
Feiertage	erfahren
Urlaub	tun
Erwachen der Natur	weitersagen
Bürgersein	Christsein

Ostern für Christen ist anstrengender, hält aber länger vor, verhilft auch – langfristig – zu tiefergreifender systematischer Veränderung des Weltgefüges. Zur Mitarbeit am Projekt der Weltverbesserung wird hiermit eingeladen.

Einige aber hatten Zweifel

Bei diesem Satz handelt es sich um eine Anmerkung des Evangelisten Matthäus in der Erzählung über eine Begegnung zwischen Jesus und seinen Freunden nach der Auferstehung. Bezeichnenderweise merkt der Verfasser nicht an, diese ›einigen‹ seien fehl am Platz gewesen, hätten sich von der Bewegung losgesagt oder seien gar hintangesetzt worden bei der Eröffnung des Reiches Gottes.

Die Kritischen – damals wie heute – sind nicht die schlechtesten Jünger.

Pfingsten damals und heute zu denken in Verbindung mit 1 Thess 5, 16–22

Damals
die Jünger
erklärten sich
Unglaublichkeit
Unwahrscheinlichkeit
neue Erfahrung
einer Menschlichkeit
wie sie von Jesus
sie gewohnt waren
durch dessen
eigene Gegenwart
und sagten dazu
Geist
Gottes Geist
der Gemeinde macht
der die Güter verteilt
der sich verstehen läßt
die sich treffen
der das harte Brot
zum Fest vermehrt

Heute
wo es dieses
gemeinsame Menschsein gibt
wo es Hilfe gibt
für jeden
wo es Vertrauen gibt
und Güte

und nicht
Ausbeutung Neid Besitzgier
Geist
Gottes Geist
wo es
die Unerklärlichkeit guten Menschseins gibt
gleich
ob innerhalb
ob außerhalb
Geist
Gottes Geist

Heute
wo es
das alles
nicht gibt
wo Menschen sich uneins sind
neidisch und mißtrauisch
sich hassen
sich bekriegen
da nicht
Geist
Gottes Geist

Heute
kritische Prüfung
unserer Weise
Mensch zu sein
oder Unmensch
geistlos
gottlos geistlos

Von Gott ist die Zusage.
Was haben wir als Antwort?

Heute
Zusage ohne Antwort

bringt nichts ein
Geist
Gottes Geist
wirkt nicht aus sich
ohne uns
an uns vorbei
wir haben
Geist
Gottes Geist
nicht weil wir ihn bekommen haben
erst
wenn alles
ausgeräumt ist
was ihn
auslöschen kann
wir dürfen
Geist
Gottes Geist
nicht auslöschen

30 Gang durch die Nacht

Arrangement für eine Nachtwanderung mit einer Gruppe

Die Vorbereitungen

Wir sind
Brot und Wasser
die wir mitnehmen
der Weg
den wir gehen
wir selbst
als einzelne miteinander
und das
was wir unterwegs
zu bereden haben
wir essen Brot
wir trinken Wasser
wir hören Worte
wir gehen Schritte
wir denken Gedanken
wir teilen uns mit

Wir gehen hin
eine Hinreise in Stationen
wir verweilen da
und halten
das kleine Nachtmahl
wir kehren zurück
eine Rückreise in Stationen
Texte dazu
wahlweise
aus einem Buch von D. Sölle

zum Thema
»Der Mensch
lebt nicht vom Brot allein«

Der Aufbruch

Zu sprechen
und zu verstehen
Reise
unterwegs sein
ein Bild für Leben
unser Leben
hat seine Aufbrüche
Stationen
Verweilen
wir haben
einen Weg zu erfahren
ein Ziel zu ergehen
das Ziel sind wir selbst
wir finden uns ein
wir finden uns vor
vielleicht
finden wir uns
wir können
einander mitteilen
was wir erfahren haben
wie es uns ergangen ist
wir sind
Menschen
wie du und ich
Brot und Wasser
die wir mit uns tragen
zum Überleben
uns selbst
als einzelne

miteinander
und das
was wir
unterwegs
zu bereden haben
nehmen wir mit
wir werden Brot essen
wir werden Wasser trinken
wir werden Worte hören
wir werden Schritte gehen
wir werden Gedanken denken
wir teilen uns mit
wir gehen hin
und kommen wieder
vielleicht
finden wir uns
vielleicht
kehren wir um

Die Hinreise

Finde dich vor
in der Dunkelheit
und schweige
in tosender Stille
vor lauter Bäumen
den Wald nicht zu sehen
den Weg nicht
und doch
Schritte zu setzen
das unterscheidet
Weg nicht von Leben
mach halt
und besinne dich

und lies
in dem Buch
bei kleinem Licht

Das Verweilen

mit Denken
an Jesu Tod

Joh 19, 28 f
wir trinken Wasser
wir essen Brot
Joh 19, 30
wir schweigen
wenn dann
ein Lied aufkommt
soll es
gesungen sein
ein Wort
soll es
gesagt sein
ein Ereignis der Hand
soll es
getan sein

Die Rückreise

Der Überläufer
der am Kreuz starb
das sein wahrer Anfang war
hat Sinnlosigkeit
sinnlos gemacht
das Dunkel
als vorläufig erwiesen
ist vorgelaufen

ins Licht
lauf nach
vorher
mach halt
und lies
in dem Buch
bei kleinem Licht

Die Rückkehr

an einem Ort
im Haus
zu Hause wieder
Röm 8, 35–39
dazu als Musik
von A. Borodin
Eine Steppenskizze aus Mittelasien

Danach ist es nicht gut
auseinanderzugehen
ein Gespräch beginnt
mit der Frage
hast du
vielleicht
dich selbst gefunden

Wie darüber gesprochen werden kann

0
Anders als Jesus
der Zeichentäter/Geschichtenerzähler
mit seinem Vorrat an Bildern
und seiner Gabe
eindeutig zugewandt zu sein
brauchen wir
heutige Menschen
Worte und Wörter
die erklären und mitteilen
wenn auch nicht zweifelsfrei.

1
Reich Gottes
ist jene geheime
eigentliche Wirklichkeit,
zu der ich im Glauben
Zugang habe
und die möglich macht,
daß ich die Welt
in der ich lebe
als Abbild/Gleichnis
dieser Wirklichkeit sehe.
Das ergibt:
- Distanz zur Weltwirklichkeit
  »die Dinge dieser Welt
  so haben,
  als hätten wir sie nicht«
  Paulus in 1 Kor 7, 29–31
- Möglichkeiten

sich einzulassen
»unabhängig von allem,
für alle zum Sklaven,
den Juden ein Jude,
den Gesetzlosen ein Gesetzloser,
den Schwachen ein Schwacher,
allen alles ...« 1 Kor 9, 19–23
»Denn: wer leidet,
ohne daß ich
mit ihm leide?« 2 Kor 11, 29.
Mit denen,
die Trauer haben,
kann ich weinen,
mit denen,
die lachen,
kann ich mich freuen.
Das ist: Einlassung.

Andernorts sagt Paulus:
»Christus ist mitten unter euch,
er ist
Hoffnung auf Herrlichkeit« Kol 1, 22.
Wie anders dann
als durch Einlassung
wäre Christus/Reich Gottes
zu finden?

2
Reich Gottes:
darin zu leben
nimmt mir die Angst
um mich selbst,
macht möglich
daß ich nicht
aus Angst um mich selbst
handeln, reden, leben muß.

Erlaubt,
radikal Orientierung zu nehmen
am Wohl des anderen
statt an meinem.
Erweist sich
in Erlebnissen
an der Grenze
menschlichen Lebens:
was am Ende ist wichtiger,
daß ich lebe
oder daß ich sterbe,
damit andere
Leben und Zeugnis haben?
Was am Ende ist wichtiger,
daß ich gesund bin
am Leib
oder gesund im Glauben?
Was am Ende ist wichtiger,
daß ich Erfolg habe
an den ich und andere
glauben
oder daß ich gut bin,
auch wenn niemand
mir glaubt?

3
Reich Gottes:
darin zu leben
das entlarvt Unglauben,
identifiziert ihn.
Wo einer Orientierung hat
am Wohl des anderen,
da ist Glauben,
wo nicht,
da Unglaube.

4
Im Reich Gottes
ist zu leben.
Danach fragt man nicht
»wo?«
sondern
»wie?«

5
Im Reich Gottes
wird eine eigene Sprache gesprochen
nicht die Sprache
von Tischen und Stühlen,
sondern
die Sprache von Menschen,
die vertrauen, hoffen, lieben,
einander verstehen.
Die Menschen im Reich Gottes
verstehen sich nicht
von dem her,
was sie haben,
sondern von dem her,
wer und wie sie sind.
Sie erleben
das Wunder von Pfingsten:
eine Sprache zu sprechen,
das ist das Ende
von Babel-Wirrsal.

6
Im Reich Gottes
ist Gott zu sehen
mit den Augen des Glaubens
so wie die Jünger
den auferstandenen Herrn sahen.
Mit einem Ungläubigen

über Reich Gottes zu reden,
das ist
wie mit einem Blinden
über die Farben zu reden.
Aber:
jeder kann sehen lernen.
Jesus sagte den Johannes-Jüngern:
»Geht und berichtet,
was ihr gesehen habt:
Blinde sehen,
Lahme gehen,
den Armen wird
frohe Botschaft verkündet« Mt 11, 2–6
und:
»Reich Gottes ist angekommen.
Dreht euch um und glaubt« Mk 1, 15.

7
Wer glaubt,
sagt:
Das ist wahr.
Darin lebe ich.
Das ist wichtiger als alles,
was ich bisher glaubte.
Nichts wird das umwerfen.
Hier ist Gott,
der alles,
in dem ich bisher lebte,
zu Götzen macht,
die mir das Leben selbst
aus der Hand schlagen wird:
Geld und Macht
Harmonie und Erfolg
und die sonstigen Pyrrhus-Siege
jeden Tages.

Der sagt:
»Das ist der Sieg,
der die Welt überwindet:
unser Glaube« 1 Joh 5, 4

8
Reich Gottes
ist ewig
nicht nur in die Zukunft hinein
sondern auch ewig
im Sinne von
»immer schon da«.
Ich muß in es eintreten.
Ich muß es
ent-decken/ent-bergen.
Ich muß mich davor hüten,
es immer mehr zu
ver-decken/ver-bergen.
Je mehr ich
an der Welt hänge,
desto mehr
verdecke/verberge ich
Reich Gottes.

9
Nie tritt Glaube auf
klinisch rein,
sondern immer vermischt
mit Anteilen von Unglauben.
So wie die Welt
immer die Mischung ist
von geheimer Wirklichkeit Gottes
und offenkundiger Weltwirklichkeit,
so bin ich selbst
gläubig und ungläubig zugleich.

Der namenlose Vater
im Evangelium sagt:
»Ich glaube, Herr,
hilf meinem Unglauben.« Mk 9, 24

32 Über Gottes Herrlichkeit in dieser Vergänglichkeit

Betrachtung oder ähnliches Machwerk mit Anleitung und

1 vorbemerkt:

1.1 Seit *Wittgenstein* sind Zahlen Leitern.
Wer oben steht, sieht am weitesten.

1.2 Sprache erlaubt Fetzung,
drängt sich dahin.
Sprachartisten sind manchmal ratlos,
auch klaglos,
nie sprachlos.

1.3 Die Anleitung beginnt:
Herrlichkeit kommt von Herr.
Vergänglichkeit meint das Vergehen.

1.4 *Augustinus*
leistete sich
uns
die Unmöglichkeit
Gott zu definieren:
Gott ist uns näher
als wir selbst es uns sind.

1.5 Röm 8, 18
und andere Verse
und siehe 5

und:

2 gefunden
gesagt

2.1 Stell dir vor,
daß es in dir den gibt,
der mehr weiß von dir
als du selbst.
Der deine Zukunft ist,
in der du untergegangen bist,
um neu zu werden:
herrlich
geborgen
mehr als du je warst
und zu sein wagtest.
Den gibt es,
der in dir sagt:
warte!

2.2 Erfahrungen halten lange vor.
Wollen gemacht werden,
sind nicht imstande,
ungeschehen gemacht zu werden.
Die mußt du bewahren.
Sie sind ein Stück von dir selbst.
Mit dir selbst
liegst du in Fehde,
stehst du auf Kriegsfuß,
sollte es sein,
daß du sie nicht haben willst.

Du kannst sie vergessen wollen.
Dann bringen sie sich selbst
in Erinnerung.

Nur Selbstvergessenheit
tötet sie,
tötet aber
– zu gründlich –
auch dich.

2.3 Dergleichen macht angst.
Bemüht den in dir,
der dich
sich
schon gerettet
hat
hatte
wird haben –
der du bist,
wenn nicht mehr der,
der zu sein du vorgibst.

Im Innern
ist Herrlichkeit
und Lobgesang.
Ist Gott
sein Reich
verborgen
und näher als
du selbst dir.

2.4 Nähe entbindet
von Ferne
dir selbst gegenüber
gegenüber anderen
anderen Gott
Gott sein
sein lassen
lassen.
Laß
einen anderen
dir selbst
Gott sein,
der

dich rettet,
bewahrt,
mitnimmt
aus Unansehnlichkeit
aus Vergänglichkeit
in Herrlichkeit.
Wie du bist!

Wie – du bist?
Wie *du* bist,
ist Herrlichkeit.
Aber –
wer ist schon
wie du?

3. Fertigkeit
ist nicht:
was du gelernt hast
zu handeln
zu werken.

Fertigkeit
ist nicht:
was du
sein zu können zu lernen
eingestellt hast.

Fertig ist keiner,
es sei denn:
wer sich dazu macht.
Wozu macht
Wo zumacht?
Da zumacht.

4. Es gibt Vermachtes.
Was du ererbt,
ist vermacht.

Was du entstellt,
ist vermacht.
Was du ererbt,
vermach es.
Erfundenes dazu.

Was du entstellt,
vermach es.
Mach Neues.
Erfinde
und vermach es.

Vergib alles,
und
du vergibst dir nichts.

5. Ich bin
nämlich
sagt der Christentummacher
der Meinung
daß:
die Leiden
dieser Zeit
in nichts
den Vergleich aushalten
mit der Herrlichkeit
die Gott
denen bereitet hat
die ihn lieben.

6. Was bleibt
ist Liebe
ist Herrlichkeit
und Leben
Auferstehen
kurz:
Gott.

Erseufzt
ununterworfen
unverschont,
gerecht gemacht,
un-ausgesetzt,
unscheidbar.

Schon jetzt
unscheidbar,
schon jetzt
den Vergleich nicht aushaltend.
Schon nicht mehr
überwindbar.

Tod
Leben
Engel
Mächte
Gegenwärtiges
Zukünftiges
Höhe
Tiefe
Kreatur
ist machtlos.

Das Größte
bleibt:
Liebe

Am Ende
behutsam bemerkt:

Mystik
müßte
wiedererstehen.

33 Hinweise

zu den einzelnen Stücken

Zu 1: Darin sind viele Formulierungen aus Vorträgen von P. Dr. P. Knauer SJ. (Ich habe mit ihm in theologischen Bildungsveranstaltungen zusammengearbeitet. Die diesem Text zugrundeliegende Theologie ist systematisch dargestellt in dem Buch: *Peter Knauer*, Der Glaube kommt vom Hören. Ökumenische Fundamentaltheologie, Graz 1978.)

Zu 4: Der Text nimmt Bezug auf die Auskünfte des Neuen Testamentes über Jesu Verhältnis zu den Pharisäern. Die eingeblendete Geschichte von der Ehebrecherin steht in Joh 8, 1–11; Jesu Gerichtsrede über die Pharisäer überliefert Mt 23, 1–39.

Zu 11: »anders leben, damit andere überleben« war das Motto einer gemeinsamen Fastenaktion von Misereor und BDKJ in 1977.

Zu 17: Den Zusammenhang dieses Gottesdienstes stellt ein Studienwochenende für Mitarbeiter in der kirchlichen Jugendarbeit dar, bei dem parallel zwei Kurse liefen und an dem insgesamt 80 junge Erwachsene teilnahmen. Der eine Kurs stand unter dem Thema »Kernenergie und Wirtschaftslage« und hatte den Anspruch, Informationen zu geben – von Experten und aus theologischer Sicht – zu Fragen der Energiepolitik und des Wirtschaftswachstums. Im anderen Kurs wurden »Normen und Werte« (insbesondere für den Bereich der Partnerschaft und Sexualität) aus der Sicht kirchlicher Lehrverkündigung und aus dem Erleben Jugendlicher thematisiert. Der Gottesdienst stand am Abend des zweiten Arbeitstages. – Dieser Gottesdienst kann leicht verwandelt werden in eine Eucharistiefeier. Die Elemente bleiben die gleichen, sie werden entsprechend plaziert und durch den Ablauf des eucharistischen Gottesdienstes in andere Zuordnung und Deutung gebracht. – Der verwandte Text von *J. Zink* ist veröffentlicht in: *J. Zink*, Die Welt hat noch eine Zukunft. Eine Anregung zum Gespräch, Stuttgart ⁴1976, S. 17.

Zu 18: Dieses biblische Spiel war ein Beitrag in einer Abendgestaltung eines Mitarbeitertreffens der Katholischen Jugend Frankfurt, bei dem es um »Arbeitnehmer in der kirchlichen Jugendarbeit« ging. Es ist der Versuch, Elemente eines Gottesdienstes spielerisch in einen thematischen Gesamtzusammenhang einzubringen.

Zu 22: Im letzten Teil liegen Formulierungen vor, die in Anlehnung an eine freie Übertragung des Johannes-Prologs von *H. Oosterhuis,* Weiter sehen als wir sind, Wien 1973, S. 104–107, gefunden wurden.

Zu 23: Entstanden ist dieser Text aus zwei Predigten. Anspielungen auf die von den Evangelien überlieferte Verkündigung Johannes des Täufers (vgl. Mt 3, 1–12), Verbindungen zum Weihnachtsevangelium (vgl. Lk 2, 1–20) und Erinnerungen an einen Christushymnus des Paulus (vgl. Phil 2, 5–11) kommen darin vor. – Erstveröffentlichung im Wir-Heft 12/1978 der Katholischen Jugend Frankfurt.

Zu 25: In der Abendmahlsliturgie am Gründonnerstag werden aus der Heiligen Schrift gelesen: Ex 12, 1–14 und Joh 13, 1–15; sie sind in dem vorliegenden Text verarbeitet. Weitere Anregungen dazu erhielt ich aus einer Betrachtung von *J. Zink,* Wie wir beten können, Stuttgart 1970, S. 136 f.

Zu 27: Um ein Beispiel zu nennen für das vorgeschlagene Gebet: *H. Oosterhuis,* Im Vorübergehen, Wien 1969, S. 160 f.

Zu 29: Erstveröffentlichung dieser Sprachcollage im Wir-Heft der Katholischen Jugend Frankfurt 3/1976.

Zu 30: Die Auswahl der Schrifttexte hat sich dadurch ergeben, daß es sich um eine Nachtwanderung am Karfreitag handelte. – Das erwähnte Buch: *D. Sölle,* Die Hinreise. Zur religiösen Erfahrung. Texte und Überlegungen, Stuttgart ²1976; darin der Artikel: Der Tod am Brot allein, S. 7–23.

Zu 32: Die Anspielung in 1.1 bezieht sich auf *L. Wittgenstein,* Tractatus Logicophilosophicus.